Grundausgabe

Doppel-Klick

Das Arbeitsheft
+ Sprachförderung

6

Herausgegeben von
Renate Krull, Werner Bentin

Erarbeitet von
Angela Adhikari, Werner Bentin, Julia Beyer, Şule Ekemen,
Piroska Evenburg, Sandra Heidmann-Weiß, Renate Krull,
Silke Quast, Jeannette Salamon, Sebastian Scholz

Unter Beratung von
Şule Ekemen, Thomas Jaitner

Cornelsen

DOPPEL-KLICK

DAS ARBEITSHEFT + SPRACHFÖRDERUNG

Arbeitstechniken

Planen, schreiben, überarbeiten

Medien und Gattungen

Rechtschreiben

Grammatik

Das kann ich!

Wissenswertes auf einen Blick

findest du auf den Umschlagseiten vorn und hinten in diesem Arbeitsheft.

Mit den Übungen und Kapiteln dieses Arbeitsheftes werden **die schriftlichen Klassenarbeiten in Klasse 6** vorbereitet.
Dabei werden folgende **Kompetenzen** trainiert:

Sachtexte lesen, schriftlich zusammenfassen und Fragen beantworten
➜ Texte lesen und verstehen: S. 6-13

Schriftlich erzählen
➜ Spannend erzählen: S. 26-31
➜ Eine Fabel planen und schreiben: S. 39-41

Sachlich berichten
➜ Berichten: S. 20-25

Sachlich beschreiben
➜ Personen beschreiben: S. 14-19

Literarische Texte lesen, erschließen und untersuchen, Merkmale erkennen
➜ Gedichte lesen: S. 32-35
➜ Eine Fabel lesen und Merkmale erkennen: S. 37-38

Texte überarbeiten
➜ Eine Personenbeschreibung überarbeiten: S. 17-18
➜ Einen Bericht überarbeiten: S. 24

Produktionsorientiert schreiben – eigene Texte nach Mustern verfassen
➜ Eine Fabel weiterschreiben: S. 37-38

Ein Blatt gestalten

Oft musst du deine Arbeitsergebnisse auf ein leeres Blatt schreiben. Dein Blatt kannst du in zwei Schritten gestalten.

1. Schritt: Vor dem Schreiben

1 Wie richtest du ein Blatt ein?
- **a.** Sieh dir das Blatt an.
- **b.** Lies den 1. Schritt der Arbeitstechnik.
- **c.** Schreibe die Zahlen aus der Arbeitstechnik in die Kästchen.

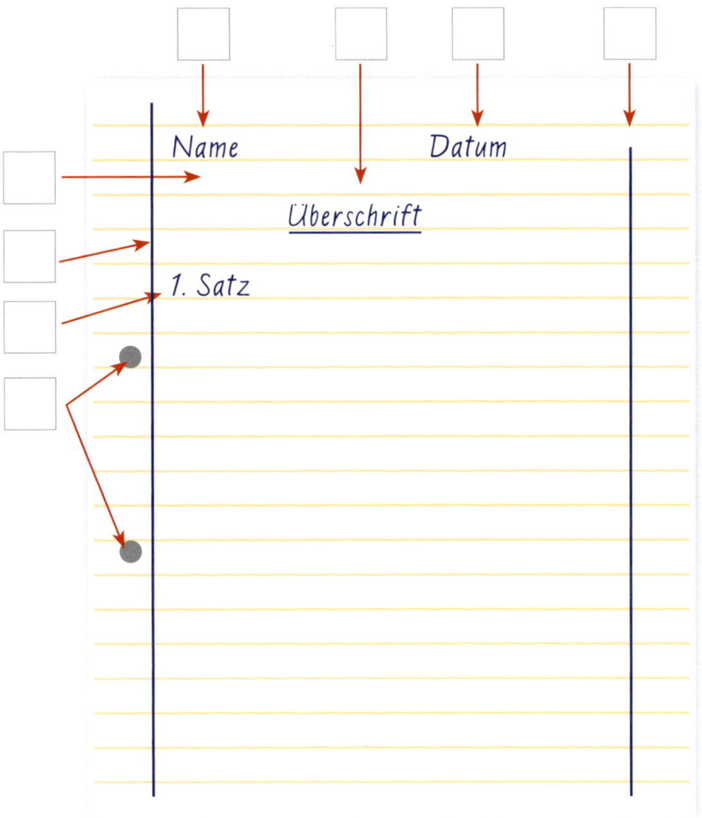

2. Schritt: Beim Schreiben

2 Wie schreibst du übersichtlich und gut lesbar?
- **a.** Sieh dir das Blatt an.
- **b.** Lies den 2. Schritt der Arbeitstechnik.
- **c.** Schreibe die Zahlen aus der Arbeitstechnik in die Kästchen.

Nun kannst du selbst ein Blatt mit Hilfe der Arbeitstechnik gestalten.

3 **a.** Nimm ein großes, leeres Blatt mit Linien.
- **b.** Gestalte das Blatt so, wie es in der Arbeitstechnik beschrieben wird.
- **c.** Schreibe die Arbeitstechnik „Ein Blatt gestalten" auf.

Arbeitstechnik

Ein Blatt gestalten

1. Schritt: Vor dem Schreiben:
Das Blatt einrichten
1. Loche das Blatt, wenn es noch nicht gelocht ist.
2. Zeichne rechts von den Löchern den linken Rand.
3. Zeichne den rechten Rand.
4. Schreibe deinen Namen oben auf das Blatt.
5. Schreibe das Datum oben auf das Blatt.

2. Schritt: Beim Schreiben:
Übersichtlich und gut lesbar schreiben
6. Lasse unter dem Namen und dem Datum eine Zeile frei.
7. Schreibe die Überschrift auf. Unterstreiche sie mit dem Lineal.
8. Schreibe sauber und in einer gut lesbaren Schrift.

Druckschrift schreiben

**Druckschrift kann man besser lesen als Schreibschrift.
Deshalb schreiben viele Menschen in Druckschrift.**

Das sind die großen und kleinen Buchstaben des Alphabets in Druckschrift.

1 Sieh dir die Buchstaben genau an.

Aa Bb Cc Dd Ee Ff Gg Hh Ii
Jj Kk Ll Mm Nn Oo Pp Qq Rr
Ss Tt Uu Vv Ww Xx Yy Zz

2 Schreibe die Buchstaben mit einem dünnen Stift sorgfältig nach.

Nun kannst du die Buchstaben in Druckschrift üben.

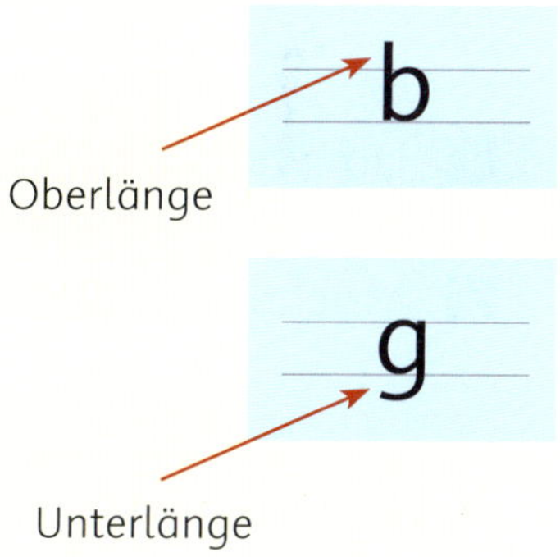

3 Schreibe die Buchstaben in Druckschrift in die Linien.
- Schreibe mit deinem Füller oder mit dem Bleistift.
- Manche Buchstaben passen genau in die Linien.
- Manche Buchstaben haben eine Oberlänge oder eine Unterlänge.

Schreibe alle großen Buchstaben.

A

Schreibe alle Buchstaben, die genau in die Linien passen.

a

Schreibe alle Buchstaben, die eine Oberlänge haben.

b

Schreibe alle Buchstaben, die eine Unterlänge haben.

g

Manchmal musst du die Buchstaben groß schreiben, zum Beispiel auf einem Plakat.

4 a. Schreibe die Wörter **Alphabet** und **lustig** groß mit einem dicken Stift in Druckschrift auf ein Blatt. Achte auf die Oberlängen und die Unterlängen.
b. Schreibe weitere Wörter in großen und kleinen Buchstaben auf.

Wichtige Wörter: Aus Winter wird Sommer

In dem folgenden Gedicht fehlen wichtige Wörter. Trotzdem kannst du verstehen, um wen es geht.

_______________ _______________ _______________

Die drei Spatzen

Christian Morgenstern

In einem ______________ Haselstrauch,
da sitzen drei Spatzen, Bauch an Bauch.
Der Erich rechts und links der Franz
und mittendrin der freche Hans.
Sie haben die Augen ________, ganz ________,
und obendrüber, ________ ________________ ________ ________!
Sie rücken zusammen dicht an dicht,
so ______________ wie Hans hat's niemand nicht.

Wichtige Wörter:
leeren
da schneit es, hu
warm
zu
zu

1 Um wen geht es in dem Gedicht? Schreibe die Namen unter das Bild.

2 Mache mit Hilfe der wichtigen Wörter aus dem Gedicht ein Wintergedicht.

Mit anderen wichtigen Wörtern wird aus dem Wintergedicht ein Sommergedicht.

Die drei Spatzen

In einem ______________ Haselstrauch,
da sitzen drei Spatzen, Bauch an Bauch.
Der Erich rechts und links der Franz
und mittendrin der freche Hans.
Sie haben die Augen ________, ganz ________ ,
und obendrüber ___________ ________ ______________ ___________!
Sie rücken zusammen dicht an dicht,
so ______________ wie Hans hat's niemand nicht.

Wichtige Wörter:
auf
auf
geht die Sonne auf
grünen
schön

3 Mache mit Hilfe der wichtigen Wörter aus dem Gedicht ein Sommergedicht.

4 Male die Bilder so an, dass ein Winterbild und ein Sommerbild entstehen.

Der Textknacker

Der Sachtext in diesem Kapitel informiert dich über den Spatz.

Mit dem Textknacker knackst du den Text in vier Schritten.
Zum Schluss schreibst du einen Steckbrief.

1. Vor dem Lesen
2. Das erste Lesen
3. Den Text genau lesen
4. Nach dem Lesen

1. Schritt: Vor dem Lesen

Ein Bild erzählt dir viel.

der Spatz – die Spatzen
die Lehne – die Stuhllehne
ängstlich – nicht ängstlich

immer nur einer –
immer viele

tschilpen –
singen schöne Melodien

buntes Gefieder –
braunes Gefieder

1 a. Sieh dir das Bild genau an. Was siehst du?
b. Beschreibe das Foto in Stichworten.

Welche Tiere sind zu sehen?

Wo sind die Tiere zu sehen?

Was erfährst du über diese Tiere?

Das Bild gehört zu einem Text mit der Überschrift: Hausspatzen.

2 Worum geht es vermutlich in dem Text? Schreibe es auf.

In dem Text geht es vermutlich um

der/ein Spatz – die Spatzen
Spatzen in Häusern
Spatzen auf Dächern
Spatzen in der Stadt

→ Das kann ich! Seite 90-91

2. Schritt: Das erste Lesen

Bevor du einen Text genau liest, solltest du ihn überfliegen.

3 Überfliege den Text.

Bild 1: ____________

Bild 2: ____________

Bild 3: ____________

Hausspatzen

Hausspatzen gehören zur Familie der Sperlinge. Sie sind Singvögel, die wohl jeder kennt. In der Stadt sieht man sie an vielen Orten. Und wenn man sie nicht sieht, dann hört man ihr vielstimmiges Tschilp, Tschilp, Tschilp.

Hausspatzen sind etwa 14 bis 16 cm lang. Sie wiegen 25 bis 40 Gramm. Ihr Kopf ist groß und ihr Schnabel ist kräftig.

Männchen und Weibchen sehen unterschiedlich aus. Das Männchen: Ein schwarzer Brustlatz schmückt seine Kehle. Der schwarze Brustlatz ist bei den Männchen unterschiedlich groß. Die Oberseite seines Kopfes sieht aus wie eine dunkle Kopfplatte aus kleinen Federn (Bild 1). Die grauen Federn am Bauch und die braun-schwarzen Federn am Rücken sind auch deutlich zu sehen. Das Weibchen: Es ist insgesamt eher bräunlich mit einer hellen Unterseite (Bild 2). Der Jungvogel ähnelt dem Weibchen (Bild 3).

Der kräftige Schnabel weist auf die Art der Nahrung hin: Körner und Samen von Gräsern, Getreide und Früchte sind wichtiges Futter. Spatzen leben meist eng mit den Menschen zusammen. Daran haben sie ihre Lebensweise angepasst und sie sind zu Allesfressern geworden. Eiweißreiche Nahrung ist für die Jungvögel wichtig: Insekten, Raupen und Blattläuse. Ein Spatzenjunges benötigt zum Überleben pro Tag etwa 500 Insekten. Füttern Menschen Spatzenjunge ausschließlich mit Brotkrumen, kann das zum Tod der Jungen führen.

Bild 4: ____________

☐ ____________

Spatzen lieben Geselligkeit und leben zur Brutzeit in Kolonien[1]. Sie leben außerhalb der Brutzeit in Trupps[2] oder fliegen in Schwärmen[3]. Innerhalb einer Spatzenkolonie entscheidet der größte und dunkelste Brustlatz, welches Männchen den höchsten Rang einnimmt. Spatzen lieben gemeinsame Staub- und Wasserbäder, die der Gefiederpflege dienen.

Bild 5: ____________

☐ ____________

Spatzen bauen ihre Nester gern in Spalten von Gebäuden, unter Dächern oder in Büschen. Selbst in Straßenlaternen oder Storchennestern hat man schon Spatzen als Untermieter gefunden, sogar in lauten Fabrikhallen.

☐ ____________

Der Lebensraum von Spatzen ist in Städten, wo sie ein gutes Futterangebot haben und wo sie gute Nist- und Brutmöglichkeiten vorfinden.

Bild 6: ____________

☐ ____________

Doch in vielen europäischen Großstädten gibt es seit einigen Jahrzehnten immer weniger Hausspatzen. In London z.B. leben nur noch ganz wenige Spatzen und in Hamburg ist der Bestand um die Hälfte zurückgegangen. Warum ist das so? Hausspatzen finden in Städten immer weniger geeignete Nist- und Brutplätze unter Dächern oder in Spalten von Häusern. In Städten gibt es weniger Insekten, sodass Spatzen zu wenig Nahrung für ihre Jungen haben. Spatzen finden nur noch wenige Orte für ihre Staubbäder, weil Straßen und Plätze mit Asphalt oder Beton bedeckt sind. Ihre Art ist gefährdet. Deshalb ernannte der Naturschutzbund Deutschland – NABU – den Spatzen zum Vogel des Jahres 2002. Mittlerweile denkt man manchmal beim Bau von Häusern oder bei der Sanierung von Altbauten an den Einbau von Nistkästen für Spatzen.

Bild 7: ____________

[1] **die Kolonie:** Viele Tiere leben auf engem Raum zusammen.
[2] **der Trupp:** eine kleine Gruppe von Tieren, die zu einer Art gehören
[3] **der Schwarm:** Vögel, Fische oder Insekten, die in einer größeren Gruppe auf Nahrungssuche sind

4 Welche Wörter oder Wortgruppen aus dem Text hast du behalten?
Schreibe die Wörter oder Wortgruppen aus dem Kopf auf.

5 Was könnte für dich nach dem ersten Lesen besonders interessant sein?
a. Schreibe eine Antwort im ganzen Satz auf.
b. Begründe deine Antwort.

3. Schritt: Den Text genau lesen

6 Lies nun den Sachtext auf den Seiten 8 und 9 genau und in Ruhe.

Der Sachtext besteht aus acht Absätzen.

7 Nummeriere die Absätze.

8 Ordne jedem Absatz die richtige Zwischenüberschrift zu.
Schreibe die Zwischenüberschriften auf die Linien im Text.

Aussehen
Größe und Gewicht
Name und Familie
Lebensraum
Lebensweise
Nachwuchs
Nahrung
Vogel des Jahres

Schlüsselwörter sind die wichtigsten Wörter in einem Text.

9 In den Absätzen 1–4 sind die Schlüsselwörter schon hervorgehoben.
Markiere die Schlüsselwörter auch in den Absätzen 5–8.

10 Die Schlüsselwörter helfen dir, den Text zu verstehen.
a. Schreibe die Überschrift auf ein Blatt: Hausspatzen.
b. Schreibe nun die Absatznummern und die Zwischenüberschriften untereinander auf das Blatt.
Tipp: Lasse unter jeder Zwischenüberschrift zwei Zeilen Platz.
c. Ergänze zu jedem Absatz die Schlüsselwörter.

Starthilfe

Hausspatzen
Absatz 1: Name und Familie
Hausspatzen, Sperlinge, Singvögel
Absatz 2: …

In Sachtexten gibt es oft unbekannte Wörter.
Manche Wörter werden durch Bilder erklärt.

11 Im Text findest du zu jedem Bild passende Informationen.
Schreibe eine Bildunterschrift unter jedes Bild.

Manche Wörter werden unter dem Text erklärt.

12 Welche drei Wörter werden unter dem Text auf Seite 9 erklärt?
Schreibe die Wörter mit ihren Erklärungen auf.

Manche Wörter werden im Text erklärt.

13 Woraus besteht die „eiweißreiche Nahrung“ der Jungvögel?
Schreibe die Erklärung aus dem Text auf.

14 Was bedeutet die Abkürzung **NABU**?
Schreibe das lange Wort dazu auf.

Eine Wortgruppe wird in einem Lexikonartikel erklärt.

Vogel des Jahres:
Jedes Jahr ernennt der NABU eine Vogelart zum Vogel des Jahres.
Damit will der NABU darauf aufmerksam machen, dass diese Vogelart oder ihr Lebensraum durch den Menschen gefährdet ist.

15 a. Lies den Lexikonartikel.
b. Welche Wortgruppe wird erklärt?
Schreibe sie mit der Erklärung in Stichworten auf.

4. Schritt: Nach dem Lesen

In einem Steckbrief kannst du nun zusammenfassen, was du über Spatzen erfahren hast.

16 Schreibe einen Steckbrief über den Hausspatzen.

- Schreibe die Zwischenüberschriften in der richtigen Reihenfolge in die linke Spalte. Das sind deine Hauptstichworte.
- Schreibe zu jedem Hauptstichwort wichtige Informationen in die rechte Spalte.
- Du kannst deinen Steckbrief auch mit Bildern verschönern. Male die Spatzen mit Buntstiften in den richtigen Farben an. Lies dazu noch einmal im Text nach.

Hauptstichworte	**Beschreibung**
1. Name und Familie:	*Hausspatz, Familie Sperlinge, Singvogel*
2. Größe und Gewicht:	
3.	
4.	
5.	
6.	
7.	
8.	

→ Das kann ich! Seite 90-91

Stichworte aufschreiben

Peter entdeckte beim Spaziergang ein Spatzennest.

Peter ging mit seinen Freunden die Straße entlang. Plötzlich hörten sie ein lautes Tschilpen unter dem Dach und sahen ein Spatzennest. Ein Spatzenpärchen fütterte seine Jungen und flog ständig hin und her. Die Jungen mussten sehr hungrig sein. Fünf niedliche Junge waren in dem Nest. Ein Junges war besonders hungrig und drängelte sich vor. Dabei verlor es das Gleichgewicht und fiel aus dem Nest. Es konnte noch nicht fliegen und lief aufgeregt auf dem Boden umher. Nun war es in Gefahr. Die Spatzeneltern tschilpten noch aufgeregter. Peter überlegte nicht lange und nahm es mit nach Hause, um es zu pflegen. Doch was musste er da eigentlich alles tun?

Peter schickte sofort eine SMS an seine Schwester Andrea.
Andrea kennt sich mit Tieren aus.

Eben Spatzennest entdeckt!
Unter dem Dach. 5 niedliche Junge! Eltern füttern, fliegen hin und her. 1 Junges aus dem Nest gefallen. Kann noch nicht fliegen. Spatzeneltern aufgeregt. Junges mit nach Hause genommen. Was tun?

1 Welche Wortgruppen aus der SMS kommen in der Geschichte vor? Markiere sie im Text.

Zum zweiten Teil der Geschichte kannst du selbst eine SMS schreiben.

Als Peter nach Hause kam, hatte seine Schwester schon alles vorbereitet. In der Wohnung stand ein Körbchen mit einer weichen Unterlage für den hungrigen Gast. Auch beim Tierarzt hatte Andrea angerufen und gefragt, was junge Spatzen fressen. Der Tierarzt hatte gesagt, dass Raupen und Insekten das richtige Futter für junge Spatzen sind. Aber so viele kann man nicht fangen. Er gab ihr einen Rat: „Zerdrücke ein hart gekochtes Ei und mische Haferflocken darunter, am besten auch noch ein paar Kleeblätter und Petersilie." Nun fiel Peter und Andrea ein Stein vom Herzen. Und Peter schickte erleichtert eine SMS an seine Freunde.

2 a. Was schreibt Peter in seiner SMS? Markiere wichtige Stichworte.
b. Schreibe mit Hilfe der Stichworte eine SMS an Peters Freunde. Schreibe in dein Heft.

Kleidung beschreiben

Julian sucht eine Verkleidung für eine Theateraufführung.

1 Wie sehen die Kleidungsstücke aus?
Schreibe es auf.

Die Hose ist geblümt.

weiß

spitz

geblümt

geringelt

gepunktet

kariert

gestreift

gelb

2 Julian hat sich verkleidet.
a. Sieh dir das Bild an.
b. Welche Kleidungsstücke trägt Julian? Schreibe es auf.
Tipp: Die Endungen der Adjektive ändern sich:
kariert → den/einen karierten Hut

der → den	ein → einen
das → das	ein → ein
die → die	eine → eine

Julian trägt eine gestreifte Hose,

Personen beschreiben

Die Klasse 6 b spielt Theater. Levi trägt ein Kostüm. Du kannst Levi beschreiben.

Arbeitstechnik

Eine Person beschreiben

Beschreibe eine Person mit Hilfe der folgenden Fragen:
- **Wie** sieht die Person **insgesamt** aus?
- **Wie** sieht ihr **Gesicht** aus?
- **Wie** sind ihre **Haare**?
- **Wie** sieht ihre **Kleidung** aus?
- Gibt es etwas, **was** dir **besonders** an ihr **auffällt**?
- **Wie wirkt** die Person auf dich?

1 **Wie** sieht Levi **insgesamt** aus?

a. Streiche im Text durch, was nicht passt.

b. Schreibe die richtigen Sätze in dein Heft.

Levi ist 12 / 85 Jahre alt.
Er trägt einen Anzug / ein Kostüm / eine Badehose.
Levi ist als Alien / Bäcker / Prinz verkleidet.
Insgesamt sieht er sehr sportlich / abenteuerlich / außergewöhnlich / elegant aus.

2 Wie sieht Levi aus?
Markiere passende Wortgruppen.

ein schmales Gesicht	lockige Haare	spitze, blaue Ohre
eine blaue Hose	ein breiter Mund	strubbelige grüne Haa
gelbe Schuhe	ein rundes Gesicht	eine kleine Nase
schmale Lippen	kleine Ohren	runde, blaue Augen
ein grünes T-Shirt	lange Haare	ein silberner Gürtel
ein großer Mund	braune Stiefel	ein blauer Umhang
ein eckiges Gesicht	ein grüner Pullover	ein gelber Hel
eine spitze Nase	schwarze Hose	spitze Schuhe
eine goldene Mütze	blaue Haare	große Ohren

3 **Wie** sieht Levis **Gesicht** aus? **Wie** sind Levis **Haare**?
Ergänze den Lückentext mit Hilfe der Wortgruppen aus Aufgabe 2.

Levi hat ein ______________________________. 

Er hat ______________________________________ 

und ______________________________________. 

Seine __________ ist __________ und er hat einen ______________. 

Besonders sind seine ______________________________. 

→ Das kann ich! Seite 94

4 **Wie** sieht Levis **Kleidung** aus?
Schreibe mit Hilfe der Satzschalttafel Sätze in dein Heft.
Tipp: Schreibe alle Sätze im Präsens.

Levi Er	trägt besitzt	einen	gelben Helm mit Hörnern. blauen Umhang. silbernen Gürtel.
		ein	grünes T-Shirt.
		eine	blaue Weste. schwarze Hose.
			schwarze Handschuhe. spitze, gelbe Turnschuhe.

5 **Was** fällt dir an Levi **besonders** auf?
a. Verbinde die richtigen Wortgruppen mit dem Bild.
b. Bilde mit passenden Wortgruppen Sätze.
Schreibe sie in dein Heft.

Roboterhund an der Leine

kleine Turnschuhe

geringelte Jogginghose

braune Handtasche

Helm mit gebogenen Hörnern

geblümte Strumpfhose

6 **Wie wirkt** Levi auf dich?
a. Kreuze zwei passende Sätze an.
b. Schreibe die Sätze in dein Heft.

☐ *Levi wirkt geheimnisvoll.*	☐ *Er ist bestimmt lustig.*
☐ *Levi wirkt fröhlich.*	☐ *Er ist bestimmt wütend.*
☐ *Levi wirkt böse.*	☐ *Er ist bestimmt gefährlich.*

7 Ergänze zu deinem Text im Heft eine passende Überschrift.

→ Das kann ich! Seite 94

Eine Personenbeschreibung überarbeiten

Auch Finnja trägt ein Kostüm.
Sie spielt ein schlaues, witziges Mädchen.

1 a. Sieh dir das Bild von Finnja an.
b. Lies die Beschreibung von Finnja in einer E-Mail.

schlankes, hübsches

◯ Finnja ist ein ~~tolles~~ Mädchen.

◯ Sie hat ein tolles Gesicht.

◯ Außerdem hat sie besonders tolle Ohrringe.

◯ Finnja hat tolle Augen, eine tolle Nase und einen tollen Mund.

◯ Sie hat tolle Haare und hat diese meist als Zopf.

◯ Finnja wirkt witzig und ein bisschen frech.

◯ Sie hat eine tolle Hose und sie hat einen tollen Kapuzenpullover an.

◯ Sie hat tolle Turnschuhe.

2 Welche Wörter wiederholen sich oft?
Markiere sie.

Nun kannst du die Personenbeschreibung überarbeiten.

3 Im Text stehen immer nur Formen des Adjektivs **toll**. Finde passende Adjektive und schreibe sie über die Adjektivformen von **toll** auf die Linie.
Tipp: Vorschläge findest du am Rand.

Adjektive
rund gelb rot
groß grün klein
breit blau glatt
schwarz

4 Im Text ist das Verb **hat** dreimal blau hervorgehoben. Ersetze **hat** hier durch ein anderes Verb. Schreibe das Verb auf die Linie darüber.
Tipp: Vorschläge findest du am Rand.

trägt
besitzt
hat … an

5 Welche Sätze von Seite 17 gehören zu diesen Überschriften? Schreibe die passenden Nummern in die Kreise auf Seite 17.

① Gesamteindruck
② Gesicht
③ Haare
④ Kleidung
⑤ Besonderheiten
⑥ Wirkung

6 a. Überlege dir eine passende Überschrift.
b. Schreibe die Überschrift auf die oberste Linie der E-Mail.

7 Überprüfe deine Überarbeitung der Personenbeschreibung mit Hilfe der Checkliste.

Checkliste: Überarbeitung einer Personenbeschreibung	*ja*	*nein*
passende Adjektive ergänzt	☐	☐
treffende Verben verwendet	☐	☐
die richtige Reihenfolge eingehalten	☐	☐
eine Überschrift ergänzt	☐	☐
im Präsens geschrieben	☐	☐

8 Schreibe die überarbeitete Personenbeschreibung in dein Heft.

Z **9** a. Überprüfe deine Personenbeschreibung von Levi mit Hilfe der Checkliste.
b. Überarbeite deine Personenbeschreibung von Levi.

Unterschiede und Gemeinsamkeiten beschreiben

Janne und Jule sind Zwillinge.
Sie haben vieles gemeinsam, es gibt aber auch Unterschiede.

1 a. Sieh dir Janne und Jule genau an.
b. Kreise die Unterschiede bei Jule ein.

Wer wird hier beschrieben? Janne oder Jule?

> Die Person hat ein schmales Gesicht. Auf der Nase hat sie eine runde Brille und sie trägt große Ohrringe. Sie trägt einen blauen Pullover und einen grünen Rock. Sie hat einen breiten Gürtel mit einer runden Gürtelschalle um. Die Person trägt einen gelben und einen weißen Handschuh und hat einen langen Schal umgebunden.

2 Was hat die Person? Was trägt die Person?
a. Markiere die Wortgruppen.
b. Wer wird beschrieben? Schreibe es auf.

____

3 Was ist bei Janne und Jule gleich?
Setze passende Adjektive ein.

Janne und Jule haben __________ Haar. Sie tragen beide __________ Stiefel und eine __________ Strumpfhose. Auf dem Kopf haben beide eine __________ Wollmütze. Sie tragen einen __________ Mantel. Beide haben eine __________ Tasche bei sich.

roten
blondes
grüne
karierte
rosa

Einen Bericht verstehen: W-Fragen beantworten

In der Zeitung steht ein Bericht über einen Unfall.
Wann geschah der Unfall? Wo geschah er? Wer war beteiligt?
Was geschah der Reihe nach? Was waren die Folgen?

1 Lies den Bericht.

Pudel von Leiter getroffen

Der Pudel Sir William hatte gestern Nachmittag an der Trierer Straße in Aachen einen tragischen Unfall. Die 70-jährige Hundebesitzerin spazierte mit ihrem angeleinten Pudel an einem Mann vorbei, der Plakate klebte. Der Plakatierer rutschte plötzlich von seiner Leiter ab. Die Leiter stürzte um und traf den Pudel. Der Pudel lag zunächst reglos auf der Straße. Die schockierte Hundebesitzerin kam ins Krankenhaus. Der Hund fühlte sich später wieder pudelwohl.

2 Beantworte die folgenden Fragen in **Stichworten**.
Tipp: Die hervorgehobenen Wörter helfen dir.

Wann geschah der Unfall?

____

Wo geschah der Unfall?

an _______________ in _______________

Wer war beteiligt?

Pudel Sir William, _______________

Was geschah der Reihe nach?

Plakatierer rutschte _______________, Leiter _______________,

traf _______________, der Pudel _______________

Was waren die Folgen?

die Hundebesitzerin _______________,

der Hund fühlte sich _______________

Berichten

Über einen Vorfall berichten – Informationen sammeln

Ein Elefant ist aus dem Zirkus entlaufen.

1 Sieh dir die Bilder genau an.

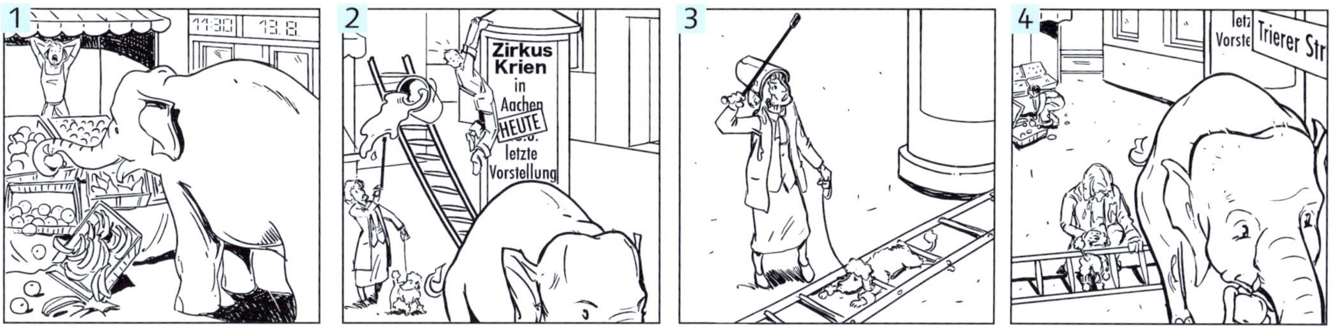

Du kannst über den Vorfall berichten.
Zunächst sammelst du Informationen mit Hilfe der W-Fragen.

Wann?
Wo?
Wer?
Was geschah?
Welche Folgen?

2 **Wann** geschah der Vorfall?

a. Was berichten dir die Bilder über die Zeit? Male die Stellen farbig an.

b. Schreibe das Datum und die Uhrzeit auf.

Der Elefant entlief am ______________ um __________________.

3 **Wo** geschah der Vorfall?

a. Was berichten dir die Bilder über den Ort? Markiere es in den Bildern.

b. Ergänze den Satz. Schreibe die Stadt und die Straße auf.

Der Vorfall ereignete sich in ______________________ auf der ______________________.

4 **Wer** oder **was** war beteiligt?

a. Male die Personen und Tiere farbig an.

b. Male Gegenstände an, die bei dem Vorfall wichtig sind.

c. Schreibe die Personen, Tiere und Gegenstände zu den Bildern auf.

1 ____

2 ____

3 ____

4 ____

der Elefant
die Hundebesitzerin
der Plakatierer
der Pudel
die Verkäuferin
der Apfel
der Eimer
die Leiter
die Plakatsäule
der Obststand

→ Das kann ich! Seite 93

5 Was geschah der Reihe nach?
Schreibe zu den Bildern Stichworte auf.

1. ______________________________

____

____

2. ______________________________

____

____

3. ______________________________

____

____

4. ______________________________

____

- der Pudel: nur leichte Verletzungen
- Obststand zerstört
- Verkäuferin verstört, brauchte Hilfe
- Plakatierer unverletzt
- Hundebesitzerin keine Verletzungen, schockiert

6 **Welche Folgen** hatte der Vorfall?
Schreibe auf, welchen Schaden der Elefant verursachte.
Die Notizen eines Reporters geben dir weitere Hinweise.

Der Obststand: ______________________________

Die Verkäuferin: ______________________________

Der Plakatierer: ______________________________

Die Hundebesitzerin: ______________________________

Der Pudel: ______________________________

Einen Bericht schreiben

Nun kannst du in einem zusammenhängenden Text über den Vorfall berichten.

1 Schreibe einen Einleitungssatz auf.

_______________ spazierte _______________
Wann? Wer?

_______________________________ entlang.
Wo?

2 Was geschah nacheinander? Schreibe es in vollständigen Sätzen auf.

Tipps:
- Du kannst deine Stichworte von Seite 22 verwenden.
- Du kannst die folgenden Verbformen verwenden.
- Berichte im Präteritum.

lief, spazierte, stahl, zerstörte, stieß um, brachte an, hielt sich fest, fiel hin, stürzte um, fiel, flüchtete

der Eimer / er
der Elefant / er
die Hundebesitzerin / sie
die Leiter / sie
der Obsthändler / er
der Pudel / er
die Verkäuferin / sie

1. _______________________________

2. _______________________________

3. _______________________________

4. _______________________________

Schreibe einen Schlusssatz auf. Welche Folgen hatte der „Ausflug" des Elefanten?

Durch den Elefanten wurden folgende Schäden verursacht:

Aber die Hundebesitzerin und der Plakatierer

3 Finde eine passende Überschrift.

____

4 Schreibe den Bericht sauber in dein Heft.
Beginne mit der Überschrift.

→ Das kann ich! Seite 93

Einen Bericht überarbeiten

Maja hat über den Vorfall berichtet.

Ein Elefant lief über die Straße und richtete großen Schaden an.

Der Elefant ~~stiehlt~~ *stahl* ____ einen Apfel.

Er stößt ______________ im Vorbeigehen die Leiter des Plakatierers um.

Dieser kann ______________ sich gerade noch festhalten.

Die Leiter trifft ______________ unglücklicherweise einen Pudel.

Die Hundebesitzerin bekommt ______________ einen Schock.

1 a. Lies den ersten Satz laut. Hat Maja alle wichtigen Informationen in ihrer Einleitung: Wann? Wo? Wer?

b. Überarbeite Majas Einleitung. Ergänze die fehlenden Informationen.

____

____

____

Einige Sätze in Majas Bericht stehen nicht im Präteritum.

2 a. Streiche die Verbformen im Präsens durch.

b. Schreibe die richtigen Verbformen im Präteritum dahinter.

Mit unterschiedlichen Satzanfängen kannst du den Bericht noch verbessern.

3 Schreibe die Sätze aus Aufgabe 2 mit unterschiedlichen Satzanfängen in dein Heft.

1. Zuerst …
2. Danach …
3. Daraufhin …
4. Gleichzeitig …
5. Anschließend …

Mit einer Checkliste kannst du deinen Bericht überprüfen.

4 a. Überprüfe deinen Bericht von Seite 23 mit Hilfe der Checkliste.

b. Schreibe deinen überarbeiteten Bericht vollständig in dein Heft.

Checkliste: Über einen Vorfall berichten	ja	nein
Habe ich alle W-Fragen beantwortet?		
Habe ich die Reihenfolge beachtet?		
Habe ich im Präteritum berichtet?		
Habe ich eine passende Überschrift gefunden?		
Habe ich unterschiedliche Satzanfänge?		

Im Präteritum berichten

In diesem Bericht sind die Verben verloren gegangen.

Junger Hund steckte im Einmachglas fest

Ein junger Hund ______________ sich in Köln unbemerkt in die Küche. Dort ______________ Einmachgläser mit Kirschen auf dem Boden. Aus Neugier ______________ das Tier den Kopf in eines der Gläser und ______________.
Die 13-jährige Susanne ______________ schließlich den Hund. Nachdem es Susanne nicht ______________, ihren Liebling zu befreien, ______________ sie den Tierarzt.
Dieser ______________ an den Kopf des verängstigten Tieres und ______________ ihn aus dem Glas. Der Hund ______________ zwar von Kirschen rot verschmiert, aber nicht verletzt.

Im Papierkorb des Computers finden sich die gelöschten Verben. Diese stehen jedoch im Präsens.

1 Ordne den Präsensformen die passenden Präteritumformen zu. Schreibe die Präteritumformen in die Tabelle.

Präsens	Präteritum
schleicht	schlich
stehen	
steckt	
bleibt stecken	
entdeckt	
gelingt	
ruft	
fassen	
befreit	
ist	

befreite
blieb stecken
entdeckte
fasste
gelang
rief
~~schlich~~
stand
steckte
war

2 Setze die passenden Verbformen in die Lücken.

Mit Personalpronomen Texte verknüpfen

Erkan hat mit den Wortgruppen der kleine Junge, die schwarze Maske und das kühle Eis eine Geschichte geschrieben.

Beim Karneval kleidete sich ein kleiner Junge ganz in Schwarz. Er setzte sich eine schwarze Maske auf. So konnte ihn keiner erkennen. Die schwarze Maske war viel zu groß. Sie hing dem Jungen über die Nase. Als er niesen musste, fiel die schwarze Maske auf den Boden. Aus Versehen trat eine Frau auf die Maske. Sie entschuldigte sich bei dem Jungen. Der Junge war traurig. Da kamen seine Schwester und ihr Freund. „Du und Ivo? Was wollt ihr denn hier?", fragte er. „Ivo und ich, wir wollen dich abholen und mit dir Eis essen", antwortete sie. Gemeinsam gingen die drei zum Eisstand. Dort ließen sie sich das kühle Eis schmecken. Es war so lecker, dass der kleine Junge seine Traurigkeit vergaß.

1 Im Text sind Wortgruppen hervorgehoben.
Welche Personalpronomen ersetzen diese Wortgruppen?
Markiere die Personalpronomen.

2 Schreibe die Wortgruppen und die Personalpronomen zusammen auf.
Tipp: Schreibe die Personalpronomen klein.

ein kleiner Junge – er,

3 **a.** Welche Wortgruppen werden in diesen Sätzen wiederholt?
Markiere sie.
b. Streiche die wiederholte Wortgruppe durch.
c. Ersetze die Wortgruppe durch ein Personalpronomen.
Schreibe es über die Wortgruppen.

Es

Das Haus stand schon lange leer. ~~Das Haus~~ machte den Nachbarn Angst.

Die Fenster waren dunkel und klein. Zum Teil waren die Fenster auch schon kaputt.

Mirko hatte keine Angst. Mirko ging in das Haus, um es zu erkunden.

4 Schreibe den Text aus Aufgabe 3 mit den Personalpronomen in dein Heft.

Spannend erzählen

Zu Reizwörtern erzählen

Manche Wörter regen deine Fantasie an.
Sie reizen dich zum Erzählen: Es sind Reizwörter.

die Tierpflegerin
das U-Boot
der Affe
die Geheimtür
die Schlingpflanze
der Glockenturm
die Geschwister
das Unwetter
die Mütze
der Matrose

1 Welche Wörter reizen dich besonders zum Erzählen?
a. Markiere drei Wörter, die deine Fantasie anregen.
b. Schreibe die drei Wörter auf: So erhältst du eine Reizwortkette.

2 Was für eine Geschichte möchtest du mit deinen Reizwörtern schreiben?
Ergänze den folgenden Satz.

Mit meinen Reizwörtern möchte ich eine ________________ Geschichte schreiben.
lustige/spannende/traurige/gruselige

3 Welche Reizwortkette passt **für dich** am besten zu dem Bild? Markiere sie.

der Geist – der Geheimgang – der Schatz

Sara und Ben – der dunkle Keller – der geheimnisvolle Schlüssel

die Zwillinge – die Geheimtür – der Traumraum

➜ Das kann ich! Seite 94

Eine Geschichte zu Reizwörtern schreiben

Du kannst nun eine Geschichte zu Reizwörtern schreiben.
Wähle aus:
- **Du kannst zu dem Bild und den Reizwörtern von Seite 27 eine Geschichte schreiben.**
- **Du kannst aber auch eine ganz andere Geschichte zu anderen Reizwörtern schreiben.**

1 Schreibe deine Reizwörter in die Kette hinein.
- Du kannst die Reizwörter von Seite 27 übernehmen.
- Du kannst dir auch ganz andere Reizwörter auswählen.

Schreibe nun eine Einleitung.

2 Beantworte die folgenden Fragen. Schreibe Stichworte.
Tipp: Zeichne ein passendes Bild für deine Geschichte in den Rahmen.

Wer sind die Hauptpersonen? Wie heißen sie?

Wo spielt die Geschichte?

Wann spielt die Geschichte?

3 Wähle einen Anfang für deine Geschichte aus. Markiere den Anfang.

Eines Tages … Vor einiger Zeit … Irgendwann im Sommer …
Am Wochenende … Alles begann an … Eines Nachts …

4 Schreibe deine Einleitung in zwei oder drei Sätzen in dein Heft.
Verwende auch dein erstes Reizwort.
Tipp: Lass eine Zeile für die Überschrift frei.

Im Hauptteil der Geschichte wird es spannend.

5 Beantworte die Fragen in Stichworten.
Du kannst die Ideen vom Rand verwenden.
Du kannst auch deine eigenen Ideen verwenden.

Was möchten die Hauptpersonen? Was tun sie?

- sich (heimlich) treffen
- eine Nachtwanderung machen
- eine Abkürzung nach Hause nehmen
- etwas Leckeres essen

Was passiert auf einmal?

- ein lauter Schrei ertönt
- ein starker Wind braust auf
- ein leises Kichern kommt aus der Ecke
- Totenstille: nichts bewegt sich mehr

Was denkt und fühlt die Hauptperson?

- ja nicht ängstlich sein
- sich freuen
- das Herz klopft
- eine Gänsehaut bekommen
- schwitzen

6 Schreibe nun den Hauptteil der Geschichte in dein Heft.
- Baue die Spannung auf:
  Erzähle ausführlich, aber verrate noch nicht den Schluss.
- Verwende verschiedene Satzanfänge.
- Verwende auch deine Reizwörter.
- Beschreibe Personen, Orte und Gefühle mit treffenden Adjektiven.
- Verwende wörtliche Rede, wenn du möchtest.

Zu Beginn …
Am Anfang … Zuerst …
Nun … Auf einmal …
Plötzlich … Danach …
Anschließend … Da …
Kurze Zeit später …

Zum Schluss löst sich die Spannung.

7 Schreibe einen kurzen Schluss in dein Heft.

8 Wie heißt deine Geschichte?
Schreibe deine Überschrift in die leere Zeile über die Einleitung.

Glücklich fielen sich alle in die Arme.
Müde und erschöpft ging er zu Bett und schlief ein.

→ Das kann ich! Seite 94

Z Noch mehr Reizwörter – noch mehr Geschichten

das Fahrrad
der Turm
der Junge
die Geschwister
die Sonnenbrille
das Mädchen
die Polizei
die Ballonfahrt
die Maske
die Hexe
der Dieb

1 Welche Wörter reizen dich zum Erzählen?
a. Markiere drei Wörter, die deine Fantasie anregen.
b. Schreibe die drei Wörter in die Reizwortkette.

W **Du kannst mit den Reizwörtern eine Geschichte schreiben.**
Wähle aus:
- **Du kannst eine Mini-Geschichte mit den Reizwörtern schreiben.** → Aufgabe 2
- **Du kannst aber auch eine ganz ausführliche Geschichte erzählen.** → Aufgabe 3

2 Erzähle eine Mini-Geschichte in nur vier oder fünf Sätzen.
a. Gib im ersten Satz Antworten auf die W-Fragen: Wer? Wann? Wo?
b. Was passiert auf einmal? Beschreibe den Höhepunkt in zwei bis drei Sätzen.
c. Beende deine Mini-Geschichte möglichst einfallsreich.

Einleitung (1. Satz): Vor einiger Zeit ____________________

____

Hauptteil: ____________________

____

____

Schluss (letzter Satz): ____________________

____

____

3 a. Schreibe mit Hilfe der Arbeitstechnik eine ausführliche Geschichte in dein Heft.
b. Überarbeite deine Geschichte.
c. Schreibe die Geschichte in schöner Schrift auf ein Blatt.

Arbeitstechnik

Eine Geschichte erzählen

Leitfragen helfen dir, eine Geschichte zu schreiben.
- Wer ist die Hauptperson?
- Wo spielt die Geschichte?
- Wann spielt die Geschichte?
- Was möchte die Hauptperson?
- Was passiert auf einmal?
- Was denkt und fühlt die Hauptperson? Was tut sie?
- Wie löst sich die Spannung zum Schluss auf?

Überlege dir den Aufbau deiner Geschichte: Einleitung, Hauptteil, Schluss.

Satzglieder umstellen

Merkwissen
Mit der Umstellprobe kannst du Satzglieder erkennen.
Sie hilft dir auch beim Schreiben deiner Texte.

Satzglieder kannst du umstellen. Wenn du Satzglieder umstellst, kannst du Texte verändern und auch verbessern.

Nina | ging | in der Nacht | in den Keller.

1 a. Kreise in dem Satz das Verb ein.
b. Nummeriere die Satzglieder.

In den Keller ging Nina in der Nacht.

In der Nacht ging Nina in den Keller.

2 Welche Wörter kannst du nur zusammen umstellen?
a. Trenne auch in diesen Sätzen die Satzglieder mit | ab.
b. Kreise in jedem Satz das Verb ein.

3 Wo steht das Verb in einem Aussagesatz?
Ergänze den Satz.

In einem Aussagesatz steht das Verb an der ______________ Stelle.

4 a. Trenne in den folgenden Sätzen die Satzglieder mit | ab.
b. Stelle die Satzglieder zweimal um.

Nina hörte auf einmal ein komisches Geräusch.

Linus saß geduckt in einer Ecke.

Plötzlich erschreckte er seine Schwester.

Linus und seine Schwester lachten laut über den Scherz.

Gedichte lesen

Reime in Gedichten

Reimwörter gibt es in Gedichten und Liedern.

1 a. Lies den Ausschnitt aus dem Lied.
b. Markiere die Reimwörter.

Freiheit, die ich meine,
ist wie ein neuer Tag.
Freiheit, die ich meine,
ist, was ich wirklich mag.
Frieden, den ich meine,
ist ohne blinde Wut.
Liebe, die ich meine,
ist viel Gefühl und Mut.

Julia Neigel/Peter Maffay

2 Schreibe jeweils zwei weitere Reimwörter zu diesen Reimwörtern aus dem Lied auf.

Tag, mag, __________

Wut, Mut, __________

3 Immer zwei Wörter reimen sich.
a. Verbinde die passenden Reimwörter.
b. Schreibe die Reimwörter auf.

erschrecken	heraus	aktuell	haben
Tag	Verkehr	Hausaufgaben	waschen
Feldmaus	mag	küssen	fremd
gekannt	verstecken	Hemd	schnell
schwer	stand	Taschen	müssen

erschrecken – verstecken, __________

→ Das kann ich! Seite 95

Auch in dem Gedicht „Die Mücken“
gibt es Reimwörter.

Die Mücken

Wilhelm Busch

1 Dich freut die warme Sonne. a
Du lebst im Monat Mai. b
In deiner Regentonne, a
Da rührt sich allerlei. ______

2 Viel kleine Tierlein steigen ______
Bald auf-, bald niederwärts, ______
Und, was besonders eigen[1], ______
Sie atmen mit dem Sterz[2]. ______

3 Noch sind sie ohne Tücken, ______
Rein kindlich ist ihr Sinn. ______
Bald aber sind sie Mücken ______
Und fliegen frei dahin. ______

4 Sie fliegen auf und nieder ______
Im Abendsonnenglanz ______
Und singen feine Lieder ______
Bei ihrem Hochzeitstanz. ______

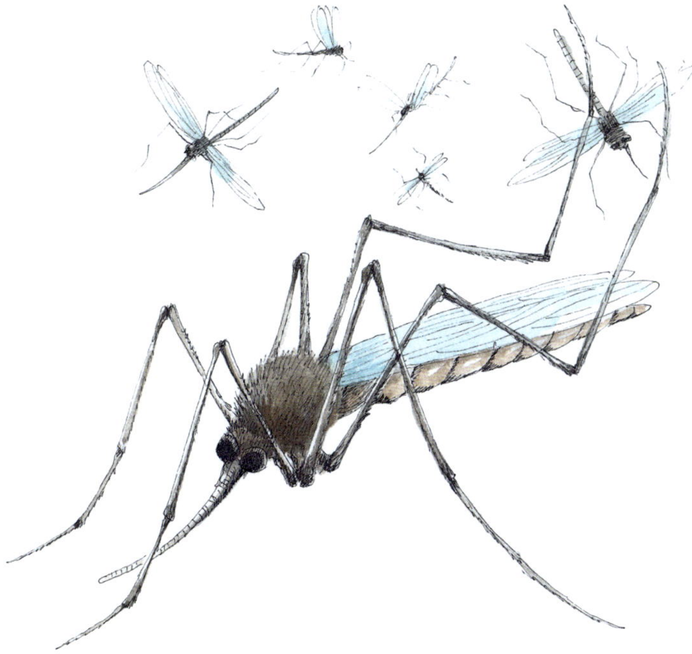

5 Du gehst zu Bett um zehne, ______
Du hast zu schlafen ______________, ______
Dann hörst du jene ______________ ______
Ganz dicht an deinem Ohr. ______

6 Drückst du auch in die ______________ ______
Dein wertes Angesicht, ______
Dich wird zu finden wissen ______
Der Rüssel, welcher ______________. ______

7 Merkst du, dass er dich impfe, ______
So reib mit Salmiak[3] ______
Und dreh dich um und ______________ ______
Auf dieses ______________. ______

Kissen
Mückenpack
schimpfe
sticht
Töne
vor

[1] **eigen:** eigentümlich
[1] der **Sterz:** der Schwanz
[2] der **Salmiak:** ein stark riechendes Hausmittel

4 a. Lies die ersten vier Strophen des Gedichts.
b. Welche Wörter reimen sich?
Markiere die Reimwörter in unterschiedlichen Farben.
c. Kennzeichne die Reimwörter mit den Buchstaben **a** oder **b**.

5 In den letzten drei Strophen fehlen die Reimwörter.
a. Lies die letzten drei Strophen des Gedichts.
b. Welche der folgenden Reimwörter passen?
Ergänze die Reimwörter.

sticht schimpfe Mückenpack Kissen Töne vor

6 Kennzeichne die Reimwörter auch in den letzten drei Strophen mit den Buchstaben **a** oder **b**.

7 Welche Reimform kommt in dem Gedicht vor?
Kreuze an.

Reimformen:

☐ der Paarreim	☐ der umarmende Reim	☐ der Kreuzreim
a	a	a
a	b	b
b	b	a
b	a	b

In diesem Gedicht von Wilhelm Busch ist die Gedichtform verloren gegangen.

Der Wetterhahn Wilhelm Busch

Wie hat sich sonst so schön der Hahn | auf unserm Turm gedreht und damit jedem kundgetan[1], woher der Wind geweht. Doch seit dem letzten Sturme hat er keinen rechten Lauf; er hängt so schief, er ist so matt, und keiner schaut mehr drauf. Jetzt leckt man an den Finger halt und hält ihn hoch geschwind. Die Seite, wo der Finger kalt, von daher weht der Wind.

8 Stelle die Gedichtform wieder her.
a. Markiere erst alle Reimwörter.
b. Setze hinter jedes Reimwort einen Trennstrich (|).
c. Schreibe das Gedicht in dein Heft.
Tipp: Das Gedicht besteht aus 3 Strophen.
Jede Strophe hat vier Zeilen.

Starthilfe
Der Wetterhahn
Wie hat sich sonst so schön der Hahn
auf …

[1] **er hat kundgetan:** er hat mitgeteilt, gezeigt

→ Das kann ich! Seite 95

Gedichte entflechten

Die Gedichte „Ja Ja!“ und „Die Ameisen“ sind durcheinandergeraten.

Ja Ja! Wilhelm Busch

Die Ameisen Joachim Ringelnatz

Ein weißes Kätzchen, voller Schliche,
Ging heimlich, weil es gerne schleckt,

Des Abends in die Nachbarküche,
Wo man es leider bald entdeckt.

In Hamburg lebten zwei Ameisen,
die wollten nach Australien reisen.

Mit Besen und mit Feuerzangen
Gejagt in alle Ecken ward's.

Es fuhr zuletzt voll Todesbangen
Zum Schlot[1] hinaus und wurde schwarz.

Bei Altona[2], auf der Chaussee[3],
Da taten ihnen die Beine weh,

Ja, siehst du wohl, mein liebes Herze?
Wer schlecken will, was ihm gefällt,

Und da verzichteten sie weise
Dann auf den letzten Teil der Reise.

Der kommt nicht ohne Schmutz und Schwärze
Hinaus aus dieser bösen Welt.

1 a. Welche Zeilen gehören zusammen?
Markiere alle Zeilen zu einem Gedicht in der gleichen Farbe.
b. Schreibe das Gedicht „Die Ameisen“ auf.

[1] der Schlot: der Schornstein
[2] Altona: Stadtteil von Hamburg
[3] die Chaussee: die Landstraße

Verben im Präsens und im Präteritum

In dieser Fabel müssen zwei Frösche um ihr Überleben strampeln.

Zwei Frösche

Zwei Frösche gehen auf Wanderschaft, denn in ihrem Tümpel gibt es kein Wasser mehr. Am Abend kommen sie an einen Bauernhof. Nach langem Suchen finden sie in einer Kammer eine große Schüssel mit Milch. Sogleich springen sie in die Schüssel und beide trinken von der Milch. Nach einiger Zeit wollen die Frösche heraus. Aber die Wand ist zu glatt und sie fallen immer wieder in die Milch. Sie strampeln und strampeln. Da wird es plötzlich unter ihren Füßen immer fester und sie stehen bald auf festem Boden. Vergnügt springen die Frösche in die Freiheit. So erhalten sie ihren Lohn für ihre Mühe.

1 Am Anfang der Fabel sind Verbformen im Präsens markiert.

a. Markiere alle weiteren Verbformen im Präsens.

b. Schreibe die Verbformen im Präsens untereinander auf.

gehen – gingen

Präteritum:
erhielten
fanden
fielen
gab
~~gingen~~
kamen
sprangen
sprangen
standen
strampelten
tranken
war
wollten
wurde

In vielen Fabeln stehen die Verbformen im Präteritum.
Du kannst die Verbformen dieser Fabel in das Präteritum setzen.

2 Schreibe neben die Verbformen im Präsens die passenden Verbformen im Präteritum.

3 Schreibe nun die Fabel „Zwei Frösche" im Präteritum in dein Heft.

Starthilfe

Zwei Frösche gingen auf Wanderschaft, denn in ihrem Tümpel gab es kein Wasser mehr. Am Abend …

Fabeln lesen und erzählen

Eine Fabel lesen und weiterschreiben

In dieser Fabel streiten sich ein Hund und ein Fuchs um eine Wurst. Ein Affe ist Schiedsrichter.

Der Affe als Schiedsrichter

Ein schlauer Hund und ein listiger Fuchs erblickten gleichzeitig eine schöne große Wurst, die jemand verloren hatte. Nachdem sie eine Weile unentschieden darum gekämpft hatten, einigten sie sich, mit der Beute zum klugen Affen zu gehen. Dessen Schiedsspruch sollte gültig sein.

Der Affe hörte die beiden Streitenden aufmerksam an. Dann fällte er mit gerunzelter Stirn das Urteil: „Die Sachlage ist klar. Jedem von euch gehört genau die halbe Wurst!“

Damit zerbrach der Affe die Wurst und legte die beiden Teile auf eine Waage. Das eine Stück war schwerer. Also biss er hier einen guten Happen ab. Nun wog er die Stücke von Neuem. Da senkte sich die andere Schale; happ-schnapp, kürzte er auch diesen Teil. Wiederum prüfte er sie auf Gleichgewicht, und nun musste wieder die erste Hälfte ihr Opfer bringen. So mühte der Affe sich weiterhin, jedem sein Recht zu schaffen.

Die Enden wurden immer kleiner und die Augen von Hund und Fuchs immer größer. Schließlich …

1 Welche Sätze beantworten die folgenden Fragen? Markiere die Sätze im Text.

- Warum gingen der Hund und der Fuchs zum Affen?
- Welches Urteil fällte der Affe?

Die Fabel „Der Affe als Schiedsrichter" hat einige Merkmale von Fabeln.

2 Lies die Tabelle mit den Merkmalen von Fabeln.

Merkmale	„Der Affe als Schiedsrichter"
In Fabeln kommen meistens nur Tiere vor.	
In Fabeln haben Tiere bestimmte Eigenschaften.	
In Fabeln sprechen Tiere meistens.	
In Fabeln handeln die Tiere meistens wie Menschen.	

3 Welche Merkmale von Fabeln findest du in der Fabel „Der Affe als Schiedsrichter"?
a. Markiere die passenden Textstellen auf Seite 37.
b. Schreibe zu jedem Merkmal passende Wörter oder Sätze in die Tabelle.

4 Erzähle die Fabel weiter.
Beantworte dazu die Fragen.

Was passiert mit der Wurst?

Wer ist wirklich der Gewinner in dieser Fabel?

Wer verliert den Streit?

5 In Fabeln gibt es oft eine Lehre.
a. Wähle eine passende Lehre vom Rand aus.
b. Schreibe die Lehre auf.

Der Klügere gibt nach. Wenn zwei sich streiten, freut sich der Dritte. Wer anderen eine Grube gräbt, fällt selbst hinein.

→ Das kann ich! Seite 96

Eine eigene Fabel planen und schreiben

Nun kannst du dir eine eigene Fabel ausdenken.

1 Plane deine Fabel Schritt für Schritt.
Schreibe Stichworte oder Sätze auf.
- Du kannst die Vorschläge verwenden.
- Du kannst aber auch eigene Ideen aufschreiben.

Über welche zwei Tiere möchtest du erzählen?
Schreibe zwei Tiere auf.

Welche Eigenschaften sollen die Tiere haben?

dumm, klug, schlau, schwach, stark, faul, klein, hinterlistig

Wo begegnen sich die Tiere?

- auf einer schmalen Brücke
- an einem reißenden Fluss
- im dichten Wald
- in der Wüste

Warum streiten sich die Tiere?
Was behaupten die Tiere?

- Zwei Tiere streiten sich um die Beute.
- Keiner will den anderen vorbeilassen.
- Zwei Tiere wollen gleichzeitig die Brücke überqueren.

Was tut das eine Tier, um zu gewinnen?

- Es denkt sich eine List aus.
- Es lässt sich von anderen Tieren helfen.

Wie endet der Streit oder die Auseinandersetzung?

- … fällt ins Wasser
- … bekommt kein Fleisch
- … verliert seine Beute

Wer gewinnt in der Fabel?

Wer verliert in der Fabel?

Welche Lehre passt zu deiner Fabel?

- Das hatte also der … von …
- Das kommt davon, wenn …
- So kann es einem gehen, wenn …

Nun kannst du deine Fabel aufschreiben.

2 Schreibe die Fabel in dein Heft.
- Lass eine Zeile frei für die Überschrift.
- Verwende deine Stichworte von den Seiten 39 und 40.
- Erzähle deine Fabel anschaulich und lebendig.
- Fabeln spielen in der Vergangenheit. Erzähle im Präteritum.

So kannst du vorgehen:

Beginne sofort mit deiner Geschichte.	Eines Tages begegneten sich …
Schreibe auf, worum sich die Tiere streiten.	Der eine behauptete …
Erzähle, wie sich dieser Streit entwickelt.	Der andere nahm die Herausforderung an …
Schreibe auf, wie der Streit oder die Auseinandersetzung endet.	Am Ende gewann …
Schreibe zum Schluss eine Lehre auf, die zu deiner Fabel passt.	Das kommt davon, wenn …
Schreibe eine Überschrift auf.	

3 Überprüfe deine Fabel mit der Checkliste.
- Welche Merkmale von Fabeln kommen in deiner Fabel vor?
- Ergänze vielleicht deine Fabel.

Checkliste : Merkmale von Fabeln	*ja*	*nein*
Habe ich die Eigenschaften der Tiere genannt?		
Handeln und sprechen die Tiere wie Menschen?		
Habe ich geschrieben, worum die Tiere streiten?		
Habe ich eine Lehre aufgeschrieben?		
Habe ich im Präteritum geschrieben?		

4 Überarbeite deine Fabel:
- Hast du das Präteritum verwendet?
- Hast du treffende Adjektive und Verben verwendet?
- Hast du unterschiedliche Satzanfänge verwendet?
- Hast du alles richtig geschrieben?

Nomen großschreiben

Merkwissen

Nomen schreibst du immer **groß**.
Oft steht ein bestimmter oder unbestimmter **Artikel** vor dem Nomen.

Nomen am Artikel erkennen

Die Klasse 6c möchte ein Theaterstück schreiben.

Das Theaterstück soll lustig und auch spannend sein. Max hat sich schon die Handlung überlegt. Dazu schreibt die Klasse das Stück. Viele sollen eine Rolle bekommen: Nino ist der Bruder, Lilly ist die Schwester, Florian ist der Dieb, Lina die Mutter, Ivo der Vater, Elias der Polizist, Younes der Verkäufer und Sira die Erzählerin.

1 Wer spielt in dem Theaterstück mit? Markiere die Namen.

2 Welche weiteren Nomen kommen in dem Text vor?
a. Markiere die Nomen und ihre Artikel in einer anderen Farbe.
b. Schreibe die Nomen mit den Artikeln auf.

An dieser Stelle wird das Theaterstück richtig spannend:

Findet den Dieb!

(Der Bruder und die Schwester verlassen den Schulhof.)
Der Bruder: Komm, wir kaufen uns ein Eis.
Die Schwester: Da vorn sehe ich schon den Eisladen.
Der Bruder: Siehst du auch den Mann da?
(Eilig läuft ein Mann die Straße entlang.)
Die Schwester: Meinst du den, der einen Koffer und einen Schal trägt?
Der Bruder: Ja, er wirkt so nervös.
(Hastig wirft der Mann einen Blick zurück. Dann betritt er einen Laden.)
Die Schwester: Vielleicht ist er ein Dieb?

3 a. Markiere die Nomen und ihre Artikel.
b. Schreibe die Nomen mit den Artikeln in dein Heft.
Schreibe Nomen mit **den/einen** noch einmal mit **der/ein** auf.

Starthilfe

den Schulhof – der Schulhof

Der Artikel kann sich ändern:
der/ein Dieb →
Ich finde *den/einen* Dieb.

Artikel – Adjektiv – Nomen

Merkwissen

Manchmal steht **zwischen** dem Artikel und dem Nomen ein **Adjektiv**.
der nervöse Dieb

Die Schülerinnen und Schüler der Klasse 6c gestalten ein Bühnenbild.

Auch der freundliche Hausmeister hilft ihnen.

Er trägt die schwere Leinwand.

Lilly malt eine gelbe Sonne, ein großes Haus und eine lange Straße.

1 a. Verbinde die Nomen und ihre Artikel wie im Merkwissen.
b. Schreibe die Nomen mit den Artikeln und den Adjektiven auf.

Was soll noch alles auf der Bühne zu sehen sein?

2 a. Verbinde die Nomen und ihre Artikel.
b. Schreibe die Wortgruppen in richtiger Groß- und Kleinschreibung auf.

EINE VOLLE MÜLLTONNE –

EIN HOHER BAUM –

EIN BUNTER SCHMETTERLING –

EIN ROTES AUTO –

Ivo kümmert sich um die Kostüme. Das hat er sich aufgeschrieben:

FLORIAN IST DER NERVÖSE DIEB. ER BRAUCHT EINEN ROTEN SCHAL UND EINEN BRAUNEN KOFFER.

ELIAS IST DER JUNGE POLIZIST.

ER TRÄGT EINE BLAUE UNIFORM.

3 a. Markiere die Artikel.
b. Verbinde die Artikel mit ihren Nomen.
c. Schreibe die Sätze in richtiger Groß- und Kleinschreibung auf.
Tipp: Schreibe die Nomen und den Satzanfang groß.

Nomen mit -ung, -heit und -keit

Die Klasse 6c möchte ihr Theaterstück aufführen.

Merkwissen

Wörter mit den Endungen **-ung**, **-heit** und **-keit** sind Nomen.
Sie haben den Artikel die oder eine.

Die Aufführung

„Wo soll die Vorstellung stattfinden?", fragt Nino. „Es gibt nur eine Möglichkeit, und zwar in der Aula. Es werden mit Sicherheit viele Eltern kommen", meint der Hausmeister. Alle Eltern haben eine Einladung erhalten. „Denkt an die Kostüme und achtet auf Pünktlichkeit!", erinnert der Lehrer. Dann ist es so weit. Die Lichter gehen aus. Die Spannung steigt. In der Dunkelheit kann man kaum etwas sehen. Die Aufregung ist groß. Das Stück beginnt: Lilly liegt im Bett und niest. „Gesundheit!", sagt die Mutter. „Ich glaube, ich habe eine schwere Krankheit", jammert Lilly. „Und ich glaube, du willst in Wahrheit nur nicht in die Schule."

1 Was sagt der Hausmeister? Schreibe die Sätze ab.

2 Im Text findest du Nomen mit **-ung**, **-heit**, **-keit**.
a. Markiere die Nomen mit **-ung**, **-heit**, **-keit**.
b. Schreibe die Nomen mit ihren Artikeln in die Tabelle.

-ung	-heit	-keit

3 Einige der folgenden Wörter sind keine Nomen.
a. Markiere die Endungen **-ung**, **-heit**, **-keit**.
b. Streiche die Wörter durch, die keine Nomen sind.
c. Schreibe die Nomen mit Artikel in die Tabelle von Aufgabe 2.

NEUIGKEIT VIEL HEITERKEIT GEMEINHEIT WENIG SELTENHEIT SCHÖN WOHNUNG TÄTIGKEIT ÜBERRASCHUNG ALT WOHNUNG MÜDIGKEIT SAUBER FÄHIGKEIT RICHTUNG

Verben werden zu Nomen

Merkwissen

Aus **Verben** können **Nomen** werden.
Der Artikel das macht's.
Die starken Wörter **beim**, **zum** machen's auch.

Nach der Aufführung unterhalten sich die Schülerinnen und Schüler ganz aufgeregt.

„Das Spielen hat mir wirklich Spaß gemacht“, meint Lilly. „Ja, und die Erzählerin Sira war beim Lesen ganz ruhig und konzentriert“, sagt der Lehrer. „Aber Elias hat zum Umziehen sehr lange gebraucht“, erwidert Ivo. „Manchmal hat mich das Reden im Publikum gestört“, sagt Florian. Younes gibt zu: „Ich habe beim Singen einmal den Einsatz verpasst.“

1 a. Markiere den Artikel **das** und die starken Wörter **beim** und **zum**.
b. Markiere die Verben, die zu Nomen geworden sind.
c. Ergänze die Tabelle.

das macht's	**zum** macht's	**beim** macht's
das Spielen	zum Spielen	beim Spielen
		beim Lesen
	zum Umziehen	
das Reden		
		beim Singen

Damit die Zuschauer nicht gestört werden, haben die Kinder Verbotsschilder aufgehängt.

Das Umherlaufen stört!

2 Was stört während der Vorstellung?
Mache die Verben vom Rand zu Nomen.
Schreibe die Nomen in die Lücken.

Das ______________________ stört!

Das ______________________ stört!

Das ______________________ stört!

Das ______________________ stört!

telefonieren
essen
trinken
reden

Florian hört den ganzen Tag Musik.

3 Wann hört Florian Musik? Schreibe es auf.
Mache dazu die Verben aus der Randspalte zu Nomen.

Florian hört Musik beim ____________, ____________, ____________,

____________, ____________ und ____________.

lesen
schreiben
arbeiten
spielen
essen
schlafen

Die Trainingseinheiten

Wörter mit ie: Verben mit -ieren

Eine dumme Idee |

Gestern habe ich | mit meinem Freund Lasse | telefoniert. | Er wollte mir erzählen, | dass ihm etwas Dummes | passiert ist. | Seine Lehrerin hatte | eine Schnitzeljagd im Wald | organisiert. | Den Weg zum Ziel | hatte sie | mit bunten Schnipseln markiert. | Die meisten Schüler | spazierten den Weg | ganz gemütlich entlang. | Lasse aber | fuhr mit dem Fahrrad, | um schneller zu sein | als die anderen. | Plötzlich platzte ein Reifen. | Lasse reparierte das Rad. | Erst probierte er, | das Loch zu flicken, | doch dann musste er | den Schlauch austauschen. | Das dauerte so lange, | dass Lasse | viel später ins Ziel kam | als alle anderen. |

1 Warum fuhr Lasse bei der Schnitzeljagd mit dem Fahrrad?
Schreibe den Satz ab.

2 Im Trainingstext findest du Verbformen mit **-ieren**.
a. Markiere die Verbformen mit **-ieren**.
b. Schreibe die Verbformen untereinander auf.
c. Schreibe jeweils den Infinitiv daneben.
d. Markiere in jedem Verb das **ie**.

Merkwissen
In Verben mit **-ieren** schreibst du das lang gesprochene **i** in allen Verbformen mit **ie**.

telefoniert – telefonieren

3 Die Infinitive aus Aufgabe 2 passen in die folgenden Sätze.
Ergänze in jedem Satz den passenden Infinitiv.

Josi findet, dass Annas Eis lecker aussieht. Sie möchte es gern *probieren*__________.

Lilo freut sich auf die Klassenfahrt. Was wird da wohl alles ______________?

Aaron hat Sara so viel zu erzählen. Deshalb möchte er mit ihr ______________.

Jette hat bald Geburtstag. Ihre Mutter will eine große Party ______________.

Konstantin holt die Hundeleine, denn er will mit Momo ______________ gehen.

Finns Uhr ist kaputt. Er will seinen Vater fragen, ob er sie ______________ kann.

Pia liest einen Text für ihr Referat. Die wichtigen Stellen will sie ______________.

4 Hier stehen die Sätze aus Aufgabe 3 noch einmal anders.
Ergänze die Verben in der richtigen Form.

Josi hat Annas Eis *probiert*__________ und fand es wirklich lecker.

Lilos Klassenfahrt war toll. Sie erzählt ihren Eltern, was alles ______________ ist.

Nun hat Aaron schon seit einer Stunde mit Sara ______________.

Jettes Mutter hat für die Geburtstagsparty sogar eine Disko ______________.

Konstantin ist mit Momo um den See ______________.

Endlich ist Finns Uhr wieder heil. Sein Vater hat sie ______________.

Pia ist fast fertig. Die wichtigen Stellen für ihr Referat hat sie ______________.

5 Wähle fünf Wörter aus dieser Trainingseinheit aus,
die du noch einmal üben möchtest.
Schreibe mit jedem Wort einen Satz auf.

____

____

____

____

____

6 a. Schreibe den Trainingstext „Eine dumme Idee“ in dein Heft.
b. Markiere die Verben mit **-ieren**.

→ Tipps zum Abschreiben findest du auf der Umschlagseite ganz hinten in diesem Arbeitsheft.

→ Das kann ich! Seite 97

Wörter mit h

Eine aufregende Zugfahrt |

Letztes Jahr | bin ich mit der Bahn |
zu meinem Freund | nach Köln gefahren. |
Pünktlich um zehn Uhr | fuhr der Zug los. |
Während der Fahrt | kam der Schaffner |
und verlangte | die Fahrscheine. |
Wo hatte ich nur | meine Fahrkarte? |
Ich war doch nicht | ohne sie losgefahren! |
Vor Aufregung bekam ich | ganz heiße Ohren. |
Der Schaffner drohte: | „Du bist | ein Schwarzfahrer |
und musst | eine Strafe zahlen!" |
Endlich fand ich die Karte |
in meiner Hosentasche. |
Da war ich | echt erleichtert! |

1 Welche Aussage stimmt? Kreuze sie an.

- ☐ Der Zug fuhr nach Koblenz.
- ☐ Die Abfahrt verzögerte sich um zehn Minuten.
- ☐ Der Schaffner wollte die Fahrscheine sehen.
- ☐ Die Fahrkarte steckte in der Jackentasche.

Merkwissen

Nach einem langen Vokal oder einem langen Umlaut steht manchmal ein **h**. Die Wörter mit **h** musst du dir merken. Es sind Merkwörter. Das **h** steht in allen Wörtern der Wortfamilie.
bezahlen – die Zahl – er zählt

2 Im Trainingstext findest du Wörter aus der Wortfamilie **fahren**.

a. Markiere die Wörter aus der Wortfamilie **fahren**.
b. Schreibe die Wörter auf.
c. Markiere in jedem Wort das **h**.

3 Im Trainingstext findest du noch mehr Wörter mit **h**.

a. Markiere diese Wörter mit **h** in einer anderen Farbe.
b. Schreibe die Wörter auf.
c. Markiere in jedem Wort das **h**.

4 Welche Wörter aus den Aufgaben 2 und 3 passen in diese Rätselsätze? Ergänze die Sätze.

1 Zum Hören haben wir an jeder Seite des Kopfes ein ______________________.

2 Mit dem Zug oder dem Auto machen wir eine ______________________.

3 12 Monate bilden ein ______________________.

4 Ein anderes Wort für Zug ist ______________________.

5 Vor einer Zugfahrt kaufen wir eine ______________________.

6 Die Zeit erfahren wir durch den Blick auf eine ______________________.

7 Ein anderes Wort für die Lösung von 5 ist der ______________________.

8 Einer, der die Lösung von 5 nicht gekauft hat, ist ein ______________________.

5 Hier kannst du noch mehr Wörter mit **h** üben.
Sie gehören zu drei Wortfamilien.

a. Markiere immer die vier Wörter einer Wortfamilie mit einer Farbe.
b. Ordne die Wörter in die Tabelle ein.
c. Markiere in jedem Wort das **h**.

die Zähne, annehmen, der Bohrer, der Backenzahn, zunehmen, zahnlos, der Bohrturm, die Zahnschmerzen, abnehmen, der Holzbohrer, vernehmen, die Bohrmaschine

Wortfamilie Zahn	Wortfamilie nehmen	Wortfamilie bohren

6 Wähle vier Wörter aus dieser Trainingseinheit aus, die du noch einmal üben möchtest.

a. Schreibe die Wörter dreimal.
b. Sammle die Wörter in deiner Rechtschreibkartei.

7 a. Schreibe den Trainingstext „Eine aufregende Zugfahrt" in dein Heft.
b. Markiere die Wörter mit **h**.

→ Tipps zum Abschreiben findest du auf der Umschlagseite ganz hinten in diesem Arbeitsheft.

→ Das kann ich! Seite 97

Wörter mit V/v

Scherben

Philipp | wünscht sich | von seinen Eltern | einen Vogel. | Vier Tage später | geht sein Vater | mit ihm | in ein Zoogeschäft. | Vielleicht haben sie | hier Glück. | Der Verkäufer zeigt ihnen | einen riesigen Käfig, | der voll | mit bunten Sittichen ist. | Philipp entscheidet sich | für einen blauen Wellensittich | und nennt ihn Pauli. | Als Philipp | zu Hause die Käfigtür öffnet, | breitet Pauli gleich | seine Flügel aus | und fliegt los. | Plötzlich flattert er | gegen eine Schale | mit Früchten. | Sie fällt herunter | und die Früchte liegen | zwischen vielen Scherben | verstreut. |

1 Welche Aussage stimmt? Kreuze sie an.

- [ ] Drei Tage später kaufen Philipp und sein Vater einen Vogel.
- [ ] Philipp entscheidet sich für einen gelben Wellensittich.
- [ ] Er gibt seinem Vogel den Namen Pauli.
- [ ] Zu Hause stößt der Vogel gegen eine Schüssel mit Erbsen.

2 Im Trainingstext findest du Wörter mit **V** oder **v**.

a. Markiere die Wörter mit **V** oder **v**.
b. Schreibe die Wörter auf.
c. Markiere in jedem Wort das **V** oder **v**.

3 Drei Wörter aus Aufgabe 2 sind Nomen.

a. Schreibe die Nomen mit ihrem Artikel (der, das, die) auf.

b. Schreibe mit jedem Nomen einen Satz auf.

4 Hier steht der Trainingstext noch einmal anders.
Ergänze in den Lücken passende Wörter aus Aufgabe 2.

Ein Geburtstagsgeschenk für Philipps Mutter

Kurz ______________ dem Geburtstag gehen Philipp und sein Vater ins Zoogeschäft.

Dort wollen sie einen kleinen ______________ kaufen.

______________ haben sie ja Glück?

Der ______________ führt sie zu den Sittichen.

Philipp und sein ______________ entscheiden sich für den kleinen Pauli.

Als sie zu Hause ankommen, fliegt Pauli gleich ganz munter los.

Plötzlich macht er mit großem Lärm eine Schale kaputt.

Die hatte Philipps Mutter ______________ ihrer Tante geschenkt bekommen.

Auf dem Boden liegen nun ______________ Scherben.

Aber in ______________ Tagen ist Geburtstag.

Da kann Philipp seiner Mutter ja eine neue Schale schenken.

5 Hier findest du weitere Wörter mit **V** oder **v**.
Sortiere sie nach dem Alphabet und schreibe sie auf.

vorn, viel, das Volk, das Vieh, das Veilchen, vorwärts, die Verletzung

6 Es gibt in dieser Trainingseinheit viele schwierige Wörter.
a. Wähle vier Wörter aus, die du noch einmal üben möchtest.
b. Schreibe die Wörter dreimal.
c. Sammle die Wörter in deiner Rechtschreibkartei.

7 a. Schreibe den Trainingstext „Scherben" in dein Heft.
b. Markiere die Wörter mit **V** oder **v**.

→ Das kann ich! Seite 98

Wörter mit mm, nn, ll

Wer ist das? |

Wir kennen sie alle. | Sie leuchtet hell. |
Die meisten Leute | lieben sie. |
Dumm ist nur eins: | Abends geht sie | immer unter. |

Merkwissen

Nach einem **kurzen Vokal** schreibst du meist **zwei Konsonanten**:
der Himmel, die Welle

1 Wer ist hier gemeint? Beantworte die Frage in einem ganzen Satz.

2 Im Trainingstext findest du Wörter mit **mm**, **nn**, **ll**.
a. Markiere die Wörter mit **mm**, **nn**, **ll**.
b. Schreibe die Wörter auf.
c. Setze unter jeden kurzen Vokal einen Punkt.
d. Markiere in jedem Wort **mm**, **nn**, **ll**.

3 Immer zwei Wörter mit **mm**, **nn**, **ll** reimen sich.
a. Verbinde die Reimwörter mit einer Linie.
b. Schreibe die Reimpaare zusammen auf.

kennen	krumm
alle	die Tonne
hell	das Zimmer
dumm	schnell
immer	rennen
die Sonne	die Falle

kennen – rennen,

Z **4** Finde weitere Reimwörter mit **mm**, **nn**, **ll** und ergänze sie bei Aufgabe 3.

5 a. Schreibe das Rätsel „Wer ist das?" in dein Heft.
b. Markiere die Wörter mit **mm**, **nn**, **ll**.

→ Das kann ich! Seite 98

Wörter mit ff, pp, ss, tt

Merkwissen

Nach einem **kurzen Vokal** schreibst du meist **zwei Konsonanten**:
das Wasser, das Schiff

Lecker! |

Heute Mittag | gibt es Suppe. | Muhmia schleppt | einen großen Topf herbei. | Ihre Mutter | holt alle Zutaten | aus einem alten Koffer. | Zuerst gibt sie | altes Fett in den Topf. | Dann öffnet sie | eine Dose Krötendreck | und kippt ihn dazu. | Muhmia schnappt sich | ein Messer | und schneidet | ein paar Fliegenpilze klein. | Zum Schluss schüttet sie | noch zehn Löffel Wasser | aus dem Teich dazu. | Fertig ist das Essen! | Hoffentlich schmeckt es! |

1 Was sind wohl Muhmia und ihre Mutter?
Notiere deine Vermutung in einem ganzen Satz.

2 Im Trainingstext findest du Wörter mit **ff**, **pp**, **ss** oder **tt**.

a. Markiere die Wörter mit **ff**, **pp**, **ss** oder **tt**.
b. Schreibe die Wörter auf. Ergänze bei den Nomen den Artikel (der, das, die).
c. Setze unter jeden kurzen Vokal einen Punkt.
d. Markiere in jedem Wort **ff**, **pp**, **ss** oder **tt**.

der Mittag,

3 Schreibe die Wörter aus Aufgabe 2 in die Tabelle.

Wörter mit ff	Wörter mit pp	Wörter mit ss	Wörter mit tt

4 a. Schreibe den Trainingstext „Lecker!" in dein Heft.
b. Markiere die Wörter mit **ff**, **pp**, **ss** oder **tt**.

➜ Das kann ich! Seite 98

Adjektive auf -ig, -lich, -isch

Im Museum |

Die Klasse 6c | besucht heute endlich | das Museum. | Die Kinder erfahren, | dass das Leben | im Mittelalter | schwierig war. | Lisa schreibt auf, | was sie wichtig findet: | Die Bauern arbeiteten | hart und fleißig | auf den Feldern. | Sie arbeiteten jeden Tag, | auch wenn das Wetter | stürmisch oder regnerisch war. | Ihre Hütten waren | winzig und schmutzig. | Denn es gab | kein fließendes Wasser. | Im Winter war es kalt | und ungemütlich. | Die meisten Bauern | gingen regelmäßig | zum Markt | in die Stadt. | Dort ging es meist | friedlich und fröhlich zu. |

1 Wie waren die Hütten der Bauern?
Schreibe den Satz ab.

2 Im Trainingstext sind die Adjektive mit **-lich** hervorgehoben.
- a. Markiere die Endung **-lich**.
- b. Lies die Adjektive langsam und deutlich vor.
  Tipp: Achte dabei besonders auf das **l**.
- c. Schreibe die Adjektive in die richtigen Zeilen.

Adjektive mit **-lich**

3
- a. Finde im Trainingstext die Adjektive mit **-ig**. Markiere sie.
- b. Finde die Adjektive mit **-isch**. Markiere sie in einer anderen Farbe.
- c. Schreibe die Adjektive mit **-ig** und **-isch** in die richtigen Zeilen.

Adjektive mit **-ig**

Adjektive mit **-isch**

4 Schreibe auch diese Adjektive in die richtigen Zeilen von Aufgabe 2 und 3.

hungrig, feindlich, durstig, ehrlich, heimlich, praktisch, gefährlich, ruhig, schrecklich, lustig, telefonisch

Du kannst die Adjektive mit -ig, -lich und -isch auch in Wortgruppen verwenden:
der gefährliche Winter, das schwierige Leben, die stürmische Nacht.

5 a. Schreibe die Wortgruppen auf.
b. Markiere die Artikel und das **e** nach **-ig**, **-lich**, **-isch**.

6 Ergänze die Wortgruppen mit passenden Adjektiven.
Tipps:
- Der Text „Im Museum" hilft dir dabei.
- Achte auf die richtige Form.
- Manchmal passen verschiedene Adjektive in die Lücken.

das ______________ Leben im Mittelalter,

der ______________ Bauer auf dem Feld,

das ______________ und ______________ Wetter,

die ______________ und ______________ Hütte,

der ______________ Winter

fleißige
regnerische
schmutzige
schwierige
stürmische
ungemütliche
winzige

Aus Nomen kannst du selbst Adjektive mit -ig, -lich und -isch bilden.

das Fett		das Abenteuer		das Telefon	
der Fleiß		der Frieden		das Tier	
der Mut	+ -ig	das Herz	+ -lich	der Typ	+ -isch
der Schmutz		die Jugend		der Dieb	
der Witz		die Schrift		der Neid	

7 Bilde Adjektive mit **-ig**, **-lich**, **-isch**.
Schreibe die Adjektive auf.
Achtung: Adjektive werden kleingeschrieben!

fettig,

8 Schreibe den Trainingstext „Im Museum" in dein Heft.

→ Tipps zum Abschreiben findest du auf der Umschlagseite ganz hinten in diesem Arbeitsheft.

Die Arbeitstechniken

Wörter ableiten: ä – a

Ein Unfall beim Apfeldiebstahl |

Till und Mattis machen | mit ihren Rädern | einen Ausflug. | Unter einem Baum | am Fluss | rasten sie. | Der Baum | ist voller Äpfel. | Till ist hungrig. | Also klettert er hoch | und zieht kräftig | mit beiden Händen | an einem Ast. | Plötzlich bricht der Ast ab | und Till fällt | in den Fluss. | Als er | aus dem Fluss steigt, | schmerzt sein linkes Bein | und er ist | vollkommen nass. | Zitternd humpelt er zum Rad | und fährt nach Hause. | Dort berichtet Till | seiner Mutter, | was passiert ist. | Sie meint: | „Wir fahren lieber | ins Krankenhaus." | Till wird untersucht. | Nach einer Weile | stellt der Arzt fest: | „Es ist nichts gebrochen. | Aber du | bekommst sicher | eine Erkältung. | Am besten legst du dich | zu Hause ins Bett | und schläfst dich gesund." |

1 Warum klettert Till auf den Apfelbaum?
Markiere die Antwort im Text.

2 Im Trainingstext sind Wörter mit **ä** hervorgehoben.
a. Schreibe die Wörter mit **ä** untereinander auf.
b. Finde zu jedem Wort ein verwandtes Wort mit **a** und schreibe es daneben.
c. Markiere in jedem Wort **ä** oder **a**.

Merkwissen

Wenn du nicht weißt, ob ein Wort mit **ä** oder **e** geschrieben wird, kannst du es ableiten. Finde dazu **verwandte Wörter** mit **a**.

*die **Sä**tze – der **Sa**tz*
↓ ↓
ä/e? *a→ä!*

3 Von welchen Wörtern kannst du die folgenden Wörter ableiten? Schreibe zu jedem Wort ein verwandtes Wort mit **a** in dein Heft.

das Päckchen, der Bäcker, das Rätsel, die Länge, wählen, ängstlich, täglich

4 a. Schreibe den Text „Ein Unfall beim Apfeldiebstahl" in dein Heft.
b. Markiere die Wörter mit **ä**.

→ Das kann ich! Seite 99

Wörter ableiten: äu – au

Räuber im Supermarkt? |

Am Montag | wurde die Polizei | in einen Supermarkt | gerufen. | Nach Ladenschluss | war eine Verkäuferin | allein im Gebäude | zurückgeblieben. | Sie wollte noch | die Regale säubern | und im Lager aufräumen. | Da hörte sie | von draußen | ein klopfendes Geräusch | an der Tür. | Sofort rief sie | bei der Polizei an. | Als die Beamten | an der Lagertür ankamen, | mussten sie lachen: | Der Wind hatte | Zweige von einigen Sträuchern | gegen die Tür geweht. | Und die hatten | an der Tür geklopft. |

1 Warum war die Verkäuferin nach Ladenschluss noch im Supermarkt? Markiere die Antwort im Text.

2 Im Trainingstext sind Wörter mit **äu** hervorgehoben.
- a. Schreibe die Wörter mit **äu** untereinander auf.
- b. Finde zu jedem Wort ein verwandtes Wort mit **au** und schreibe es daneben.
- c. Markiere in jedem Wort **äu** oder **au**.

Merkwissen

Wenn du nicht weißt, ob ein Wort mit **äu** oder **eu** geschrieben wird, kannst du es ableiten. Finde dazu **verwandte Wörter** mit **au**.

die Bäume – *der Baum*
↓ ↓
äu/eu? *au→äu!*

3 Von welchen Wörtern kannst du die folgenden Wörter ableiten? Schreibe zu jedem Wort ein verwandtes Wort mit **au** auf.

häufig, läuten, träumen, die Mäuse, die Zäune, die Bäume, die Häuser, er läuft

Z **4**
- a. Wähle zehn Wörter aus den Aufgaben 2 und 3 aus.
- b. Schreibe mit jedem Wort einen Satz in dein Heft.

5
- a. Schreibe den Text „Räuber im Supermarkt?“ in dein Heft.
- b. Markiere die Wörter mit **äu**.

➜ Das kann ich! Seite 99

Wörter verlängern

Mein Vater, der Held |

Gestern | passierte etwas, | das war echt spannend: | Es war schon Abend, | da knurrte plötzlich Gonzo, | unser Hund. | Gonzo ist klug. | Was hatte er | gehört? | War es vielleicht | einfach nur ein Zweig | am Fenster? | Aber Gonzo | gab keine Ruhe. | Mein Vater | hob die Hand | und flüsterte: | „Leise!“ | Dann schlich er | in den Flur. | Auf einmal | rief er streng: | „Stehen bleiben!“ | Er hatte | einen Einbrecher überrascht. | Der Dieb wurde wütend | und wollte entkommen, | aber mein Vater | blieb ganz cool | und hielt ihn | einfach fest. | Die herbeigerufene Polizei | verhaftete den Einbrecher. | Das war vielleicht aufregend! |

1 In welchem Raum des Hauses überraschte der Vater den Einbrecher? Markiere die Antwort im Text.

2 Im Trainingstext sind **Nomen** mit **b**, **d** und **g** hervorgehoben.
- a. Schreibe sie mit ihren Artikeln im Singular und im Plural auf.
- b. Markiere in jedem Wort das **b**, **d** oder **g**.

Merkwissen

Oft hörst du am Ende eines Wortes ein **p**, **t** oder **k**, musst aber **b**, **d** oder **g** schreiben. Du kannst das Wort verlängern. Dann hörst du den Endbuchstaben.

lieb – ein lieber Gruß
der Strand – die Strände
ich lag – wir lagen

der Held - die Helden,

3 Im Trainingstext sind auch **Verben** mit **b** hervorgehoben.
- a. Schreibe sie untereinander auf.
- b. Schreibe die wir-Form daneben.
- c. Markiere in jedem Wort das **b**.

gab - wir gaben,

4 Im Trainingstext sind außerdem **Adjektive** mit **d** oder **g** hervorgehoben.
- a. Schreibe sie in der Grundform und in der 1. Steigerungsform auf.
- b. Markiere in jedem Wort das **d** oder **g**.

spannend - spannender,

5 a. Verlängere auch diese Wörter.
Tipp: Bei einigen Wörtern verändert sich der Vokal: a → ä.
b. Schreibe das verlängerte Wort auf.

der Tag →		er glaubt →	
der Freund →		gesund →	
die Wand →		er lag →	
das Land →		er schrieb →	

6 Wenn du ein Wort verlängerst, kannst du die richtige Schreibweise herausfinden.
a. Schreibe zunächst das Nomen mit Artikel im Plural auf.
b. Schreibe dann das Nomen mit Artikel im Singular richtig auf.

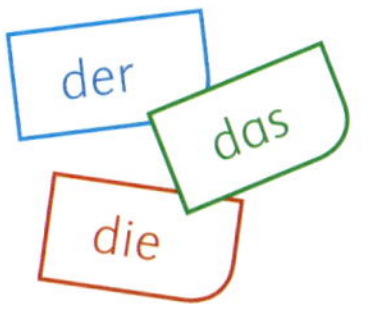

	verlängertes Wort: Nomen im Plural		Nomen im Singular

7 a. Wähle acht Wörter aus den Aufgaben 5 und 6 aus.
b. Schreibe mit jedem Wort einen Satz in dein Heft.

8 a. Schreibe den Trainingstext „Mein Vater, der Held" in dein Heft.
b. Markiere die Wörter mit **b**, **d** oder **g** am Wortende.

→ Tipps zum Abschreiben findest du auf der Umschlagseite ganz hinten in diesem Arbeitsheft.

Zeichensetzung

Das Komma bei Aufzählungen

Unsere Klassenfahrt

Die Klasse 6b freut sich auf ihre Klassenfahrt an die Nordsee. Im Internet hat sie sich über die Inseln Sylt, Amrum, Föhr und Pellworm informiert.
Sie hat Prospekte von Jugendherbergen Zeltplätzen Hotels und Pensionen besorgt.
Nun prüft sie, ob sie mit Autos Bussen Zügen oder Fähren fahren muss.

Kommas fehlen!

Die Klasse 6b sammelt Informationen zur Klassenfahrt.

Merkwissen

Wenn du Wörter oder Wortgruppen **aufzählst**, trennst du sie durch **Kommas** voneinander. Ausnahme: Vor *und* steht **kein Komma**.
Sie haben sich über die Inseln Sylt, Amrum, Föhr ***und*** *Pellworm informiert.*

1 Welche Prospekte hat die Klasse 6b besorgt? Markiere die Antwort im Text.

2 In drei Sätzen werden Nomen aufgezählt.
a. Markiere die aufgezählten Nomen.
b. Setze die fehlenden Kommas. Rahme **und** ein.

Die Kinder besprechen, was sie auf der Klassenfahrt machen wollen.

Die Mädchen möchten baden gehen, tauchen lernen, tanzen gehen und reiten lernen. Die Jungen wollen Rad fahren Fußball spielen Musik machen und Eis essen. Alle Mädchen und Jungen wollen am Strand liegen eine Nachtwanderung machen eine Disko veranstalten und eine Strandolympiade ausrichten.

Kommas fehlen!

3 In diesem Textabschnitt werden Wortgruppen aufgezählt. Einige Wortgruppen sind schon markiert.
a. Markiere die übrigen Wortgruppen.
b. Setze die fehlenden Kommas. Rahme **und** ein.

4 a. Schreibe den ganzen Text „Unsere Klassenfahrt" in dein Heft.
b. Markiere die Kommas.

Z 5 Was kann die Klasse 6b noch auf der Klassenfahrt machen? Schreibe einen Satz mit Aufzählungen auf.

ein Museum besuchen
Seehunde beobachten
Muscheln sammeln

→ Das kann ich! Seite 100

Satzzeichen bei wörtlicher Rede

Heute besprechen die Schülerinnen und Schüler der 6 b noch einmal, was sie alles mitnehmen wollen.

Indra sagt: „Ich nehme auf jeden Fall einen Fotoapparat mit.“
Einige Kinder murmeln Das mache ich auch.
Linus meint Wir sollten auch an ein paar Spiele denken!
Tanja ruft Ich packe ein Kartenspiel ein!
Leo fragt Wer nimmt einen Fußball mit? Kilian meldet sich.
Isa ruft Vergesst die Badesachen nicht!
Janne fragt Können wir unser Handy mitnehmen?
Die Lehrerin nickt. Dann mahnt sie
Aber alle Spielkonsolen bleiben zu Hause!

Satzzeichen fehlen!

Merkwissen

Wörtliche Rede markierst du mit „**Anführungszeichen**“.
Oft steht bei der wörtlichen Rede ein Begleitsatz.
Achte auf die Satzzeichen.
Der Begleitsatz steht vorne:
Die Lehrerin mahnt: „Seid bitte pünktlich!“

: „ .“

Der Begleitsatz steht hinten:
„Seid bitte pünktlich!“, mahnt die Lehrerin.

: „ .“

1 Im Text sprechen die Schülerinnen und Schüler und die Lehrerin.
a. Markiere die wörtlichen Reden.
b. Setze die fehlenden Satzzeichen.

Nun sprechen die Kinder noch über die Hinfahrt.

„Wir treffen uns um acht Uhr am Bahnhof“, sagt die Lehrerin.
Denkt alle an euer Gepäck erinnert sie die Kinder.
Wo müssen wir umsteigen fragt Esther.
In Hamburg steigen wir in einen anderen Zug
antwortet die Lehrerin.
Wie viel Zeit haben wir dort für das Umsteigen
will Nika wissen. Wir haben eine halbe Stunde Aufenthalt
beruhigt die Lehrerin sie. Und wie lange
wird die ganze Fahrt dauern fragt Simon.
Wir fahren insgesamt vier Stunden
sagt die Lehrerin.

Satzzeichen fehlen!

2 a. Markiere in dem Text die wörtlichen Reden.
b. Ergänze bei Fragesätzen und Aufforderungssätzen ? oder ! .
c. Setze bei den wörtlichen Reden die Anführungszeichen und die Kommas.

3 Schreibe nun den ganzen Text in dein Heft.

→ Tipps zum Abschreiben findest du auf der Umschlagseite ganz hinten in diesem Arbeitsheft.

→ Das kann ich! Seite 100

Das Komma bei dass-Sätzen

Am Abend vor der Klassenfahrt schreibt Mia in ihr Tagebuch:

Ich denke, dass wir auf Sylt eine tolle Zeit haben werden. Mit meinen Freundinnen werde ich mich auf jeden Fall gut verstehen. Hoffentlich liegt die Jugendherberge direkt am Meer. Dann erlaubt die Lehrerin bestimmt dass wir morgens baden gehen. Sie hat gesagt dass wir viele Ausflüge unternehmen werden. Sicher machen wir auch eine Fahrt mit dem Schiff. Ich wünsche mir dass die Zeit bis zur Abfahrt recht schnell vergeht. Ich befürchte nur dass die Klassenfahrt viel zu schnell vorübergeht.

Kommas fehlen!

1 Mia macht sich viele Gedanken über die bevorstehende Klassenfahrt.
  a. Markiere in jedem Satz das Wort **dass**.
  b. Setze die fehlenden Kommas.

2 Schreibe den Text in dein Heft.

Merkwissen

Nach den Verben **sagen**, **denken**, **erlauben**, **wünschen** und **befürchten** folgen oft **dass**-Sätze. Der **dass**-Satz wird durch Komma vom Hauptsatz abgetrennt. Das gebeugte Verb steht am Ende des **dass**-Satzes.
*Ich denke, **dass** es eine tolle Fahrt wird.*

3 Sicher machst du auch irgendwann eine Klassenfahrt. Wie denkst du darüber? Schreibe **dass**-Sätze auf.
Tipp: Du kannst die Ideen vom Rand verwenden.

wandern gehen
eine Disko veranstalten
gutes Wetter haben
selbst kochen

Ich denke

Ich meine

Ich hoffe

Ich befürchte

→ Das kann ich! Seite 100

Komma bei weil, als, wenn

Kommas fehlen!

Auf nach Sylt!

Die Klasse 6b will mit dem Zug nach Sylt fahren. Pünktlich um acht Uhr treffen sich die Schülerinnen und Schüler am Bahnhof. Alle sind aufgeregt.
Weil Timos Jacke noch im Auto liegt, geht seine Mutter noch einmal zurück.
Als die Lehrerin ankommt jubeln die Kinder.
Wenn alle Kinder da sind können sie endlich einsteigen.
Weil Pauline ihre Freundin Selina vermisst geht sie zur Lehrerin. Als die Lehrerin das erfährt wird sie unruhig.
Wenn Selina zu spät kommt verpassen sie alle noch den Zug! In letzter Minute kommt Selina doch noch angesaust.
Nun kann es losgehen!

1 Was passiert, **wenn** Selina zu spät kommt? Schreibe die Antwort auf.

2 a. Markiere im Text die Wörter **weil**, **als** und **wenn**.
b. Setze die fehlenden Kommas.

3 Schreibe den Text „Auf nach Sylt!" mit allen Kommas in dein Heft.

Merkwissen

Beginnt ein Satz mit **weil**, **als** oder **wenn**, folgt etwas später ein Komma. Das Komma steht zwischen zwei Verben.
Weil er zu spät kommt, müssen alle warten.
Als sie kommt, freuen sich alle.
Wenn Selina fehlt, fahren sie nicht los.

4 Wie geht die Fahrt der 6b wohl weiter? Schreibe jeweils einen Satz mit **weil**, **als** und **wenn** am Satzanfang auf.
Tipp: Du kannst dazu die Wörter vom Rand verwenden.

Weil ___, ___.
Als ___, ___.
Wenn ___, ___.

der Anschlusszug
die Brötchen
die Sonne
auf Sylt
die Verspätung
der Zug

ankommen
kaufen
scheinen

Nomen verwenden

Artikel von Nomen

Die Klasse 6 b macht einen Ausflug zum Tierpark.
Im Tierpark gibt es Lebewesen und Gegenstände.

Der Tierpark öffnet um 10 Uhr.
Die Kinder kaufen das Futter am Eingang.
Beim Rundgang sehen sie einen Wolf, eine Wildkatze, ein Reh, einen Luchs und eine große Eule.
Sie machen eine Rast und setzen sich auf eine Bank.
Sie sehen auch noch einen Mann, der einen kranken Baum fällt.

1 Welche Lebewesen und Gegenstände gibt es im Tierpark?
a. Markiere die hervorgehobenen Nomen, die Lebewesen benennen.
b. Umkreise die hervorgehobenen Nomen, die Gegenstände benennen.

2 Ordne die Nomen mit ihren bestimmten oder unbestimmten Artikel in die Tabelle ein.

der/ein das/ein die/eine

Lebewesen		Gegenstand
		der Tierpark

3 Im Satz verändert sich manchmal der Artikel. Beantworte die Fragen und schreibe Sätze.

Merkwissen
Auf die Frage **Wen?** oder **Was?** ändern sich die Artikel so:
der → den ein → einen
das → das ein → ein
die → die eine → eine

Was kaufen die Kinder am Eingang?

Wen sehen sie beim Rundgang?

Wen oder was sehen sie noch?

Im Tierpark arbeiten viele Menschen.

Die Kinder folgen dem Rundweg und sehen, wie ein Wärter einem Luchs das Futter gibt. Danach begegnen sie einem Eisverkäufer, einer Tierpflegerin, dem Direktor und sogar einem Tierarzt. Der Tierarzt hilft gerade dem kranken Bären. Die Kinder dürfen dem Arzt bei der Untersuchung zusehen.

Merkwissen

Auf die Frage **Wem**?
ändern sich die Artikel so:

der → dem	ein → einem
das → dem	ein → einem
die → der	eine → einer

4 Wem begegnen die Kinder?
Wem sehen die Kinder bei der Arbeit zu?

a. Beantworte die Fragen in ganzen Sätzen.

b. Markiere die Nomen und die bestimmten und unbestimmten Artikel.

Wem gibt der Wärter das Futter?

Der Wärter gibt ______________________________.

Wem begegnen die Kinder?

____

____

Wem hilft der Tierarzt?

____

Wem dürfen die Kinder zusehen?

______________________________.

____

Auch den anderen Tieren gibt der Wärter etwas.

5 Wem gibt der Wärter Wasser oder Futter?
Ergänze die Nomen mit dem richtigen Artikel.

Der Wärter gibt ______________ (die Wildkatze) Wasser, ______________ (der Wolf) Fleisch,

______________ (das Pferd) Heu, ______________ (ein Bär) Fisch,

______________ (ein Eichhörnchen) Nüsse und ______________ (eine Eule) Mäuse.

Zusammengesetzte Nomen

Ein Tierpfleger benutzt bei seiner Arbeit viele Gegenstände.

Jeden Tag geht der Tierpfleger mit Gegenständen zu den Tieren. Für den Transport von Gegenständen ist der Handwagen sehr nützlich.
Verschiedene Gegenstände kommen in den Handwagen:
ein Wassereimer, ein Futtereimer, eine große Mistgabel, ein Futtermesser, eine Fellbürste, ein Heuballen und ein Schlüsselbund für die Käfige.
Für das Mittagessen nimmt der Tierpfleger auch noch eine Brotdose mit.

1 Was nimmt der Tierpfleger für das Mittagessen mit?
Markiere die Antwort im Text.

2 Im Text gibt es elf zusammengesetzte Nomen.
- a. Markiere die zusammengesetzten Nomen.
- b. Schreibe die zusammengesetzten Nomen mit ihren Artikeln auf.
- c. Markiere in jedem zusammengesetzten Nomen den Artikel und das zweite Nomen.

Merkwissen

Zwei Nomen können ein **zusammengesetztes** Nomen bilden.
das Brot + die Dose = die Brotdose
Der Artikel des zusammengesetzten Nomens richtet sich **nach dem zweiten Nomen**.

der Tierpfleger, ______

______

______

3 Bilde zusammengesetzte Nomen.
Schreibe die zusammengesetzten Nomen mit dem bestimmten Artikel und mit dem unbestimmten Artikel auf.

der/ein die/eine das/ein

die Hand + der Schuh = *der Handschuh, ein Handschuh*

der Käfig + die Tür = ______

der Vogel + das Haus = ______

das Futter + der Eimer = ______

das Holz + die Bank = ______

das Tier + die Ärztin = ______

das Spiel + der Platz = ______

Sükran und Leon wollen über den Tierpark einen Artikel für die Schülerzeitung schreiben. Sie befragen einen Tierpfleger.

„Was ist eigentlich das Lieblingsfutter von einem Luchs?", fragt Leon einen Tierpfleger. „Seine Nahrung besteht hauptsächlich aus Fleisch. Sein natürlicher Lebensraum ist der Wald und das Gebirge. Dort jagen die Luchse Mäuse, Marder und sogar Rehe", erklärt der Tierpfleger. Sükran möchte vom Tierpfleger Peter wissen: „War es schon immer Ihr Berufswunsch, ein Tierpfleger zu sein?" „Ja, das habe ich mir als Kind schon gewünscht. Da fühle ich mich wie ein richtiges Glückskind", antwortet Peter. Zum Schluss macht Leon noch ein Foto für den Zeitungsbericht.

Merkwissen

Zwischen zwei zusammengesetzten Nomen steht manchmal ein s.

der Eintritt + s + die Karte
= die Eintrittskarte

4 Was ist das Lieblingsfutter von einem Luchs?
Markiere die Antwort.

5 Im Text sind zusammengesetzte Nomen hervorgehoben.
a. Schreibe die Nomen zusammen mit dem bestimmten Artikel auf.
b. Markiere das **s** zwischen den beiden Nomen.

der/ein | die/eine | das/ein

____

____

6 Bilde zusammengesetzte Nomen und schreibe sie auf.

die Nahrung + s + das Mittel = ______________________

die Überraschung + s + die Feier = ______________________

die Geburt + s + der Tag = ______________________

das Glück + s + der Käfer = ______________________

7 Setze die Nomen mit dem Nomen **Geburtstag** zusammen.
Setze zwischen die Nomen ein **s**.
Schreibe die zusammengesetzten Nomen in dein Heft.

Starthilfe

der Geburtstag + s + der Tisch
= der Geburtstagstisch

der Geburtstag

der Tisch
die Karte
das Lied
der Kuchen
die Kerze
das Geschenk
der Gruß
die Überraschung

Adjektive verwenden

Adjektive steigern

Tim, Mike und Jule haben sich verkleidet und geschminkt.

1 Wer ist am schönsten verkleidet?

____

2 Tim, Mike und Jule vergleichen ihr Aussehen.

a. Schreibe auf, was sie sagen.
Ordne die Adjektive und ihre Steigerungsformen richtig zu.

b. Was verändert sich in den Steigerungsformen? Markiere Unterschiede.

Tim sagt: *Meine Jacke ist weit.*

Mike sagt: *Meine Jacke ist weiter.*

Jule sagt: *Meine Jacke ist am weitesten.*

Tim sagt: *Mein Mund ist* ______________________.

Mike sagt: ______________________.

Jule sagt: ______________________.

Tim sagt: *Mein Hemd* ______________________.

Mike sagt: ______________________.

Jule sagt: ______________________.

groß - größer - am größten
lang - länger - am längsten
breit - breiter - am breitesten
weit - weiter - am weitesten
kurz - kürzer - am kürzesten
bunt - bunter - am buntesten

3 a. Was sagen Tim, Mike und Jule zum Hut und zur Nase?
Schreibe es wie in Aufgabe 2 in dein Heft.

b. Markiere auch hier, was sich in den Steigerungsformen ändert.

→ Das kann ich! Seite 103

Nun kannst du das Aussehen von Tim, Mike und Jule beschreiben.

4 a. Bilde mit Hilfe der Satzschalttafel 9 Sätze.
Schreibe die Sätze auf.
Tipp: In Sätzen können gesteigerte Adjektive ihre Endungen verändern.
b. Markiere in allen Adjektiven die Endungen.

Tim Mike Jule	trägt hat besitzt	einen großen Hut. einen größeren Hut. den größten Hut.
		eine lange Nase. eine längere Nase. die längste Nase.
		ein schönes Hemd. ein schöneres Hemd. das schönste Hemd.

5 Beantworte die folgenden Fragen.
Schreibe vollständige Sätze auf.

Wer hat einen breiten Mund? ______

Wer hat einen breiteren Mund als Tim? ______

Wer hat den breitesten Mund? ______

Wer trägt eine weite Jacke? ______

Wessen Jacke ist weiter als Tims Jacke? ______

Wer hat die weiteste Jacke an? ______

→ Das kann ich! Seite 103

Zusammengesetzte Adjektive

Lisa braucht neue Kleidungsstücke.
Sie schreibt eine Einkaufsliste.

1 Was steht auf Lisas Einkaufsliste?
a. Sieh dir das Bild an.
b. Schreibe Lisas Einkaufsliste.

ein gelbes T-Shirt, ____________________

____

____

ein grauer Pullover
ein gelbes T-Shirt
eine blaue Hose

Im Geschäft entdeckt Lisa, dass es viele verschiedene Farbtöne gibt.

2 Welche Farbtöne gibt es?
Bilde zusammengesetzte Adjektive. Schreibe sie auf.
Tipp: Schreibe die zusammengesetzten Adjektive klein.

 + n + gelb ____________________

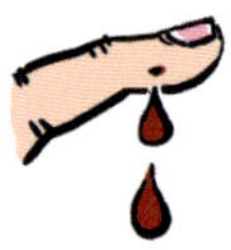 + rot ____________________

 + n + gelb ____________________

 + n + schwarz ____________________

 + grau ____________________

 + grün ____________________

 + rot ____________________

3 Lisa überlegt: Für welche Farben soll sie sich entscheiden?
a. Lies die folgenden Lückensätze.
b. Ergänze die fehlenden Wortgruppen mit Hilfe der Adjektive aus Aufgabe 2.

„Mir gefällt  *das sonnengelbe T-Shirt* besser als  ____________________.

Dazu passen gut die blaue Hose und  ____________________.

Mir steht  ____________________ besser als  ____________________.

Und  ____________________ und  ____________________

sind gar nicht so teuer.

4 Bilde aus diesen Wortgruppen zusammengesetzte Adjektive.
Schreibe die zusammengesetzten Adjektive auf.
Tipp: Schreibe die Adjektive klein.

weich wie Butter = ______________________

klar wie Glas = ______________________

kalt wie Eis = ______________________

süß wie Zucker = ______________________

hart wie Stein = ______________________

schnell wie ein Blitz = ______________________

leicht wie eine Feder = ______________________

schön wie ein Bild = ______________________

5 Wie sind die Gegenstände und die Personen? Ergänze passende Adjektive.

Das Brot ist schon alt und *steinhart* ______________________. 

Die Bananen sind reif und ______________________. 

Die Milch ist frisch und ______________________. 

Das Wasser sprudelt und ist ______________________. 

Die Schokolade ist zart und ______________________. 

Eine Himbeere ist klein und ______________________. 

Die Kassiererin arbeitet ______________________. 

Die Verkäuferin ist nett und ______________________. 

sein – werden

Das Verb sein sagt, wie etwas ist: Lena ist schmutzig.
Das Verb werden sagt, wie etwas wird: Beim Duschen wird Lena sauber.

1 a. Sieh dir die Bilder an.
b. Ergänze die passenden Verbformen.

Ich ______________ klein.

Ich ______________ groß.

Du ______________ schwach.

Du ______________ stark.

Maria ______________ krank.

Sie ______________ gesund.

ich bin – ich werde
du bist – du wirst
sie ist – sie wird

2 Schreibe Sätze wie in Aufgabe 1 auf.
Du kannst dazu die Adjektive vom Rand verwenden.

____

____

____

____

hungrig – satt
jung – alt
langsam – schnell
laut – leise

3 Ergänze in den Lücken die passende Form von **werden**.

Rocco ist Lehrling. Er ______________ Bäcker.

Marina ______________ nicht rechtzeitig fertig.

Von der Riesenpizza ______________ wir alle satt.

Es ist Herbst. Bald ______________ es Winter.

Ich ______________ eine bekannte Sängerin.

Die Sommer ______________ immer heißer.

Du ______________ immer besser.

Wenn ihr trainiert, ______________ ihr schneller.

werden:
ich werde
du wirst
er/sie/es wird
wir werden
ihr werdet
sie werden

Trennbare Verben im Perfekt

Am Ende der letzten Stunde fordert der Lehrer die Klasse 6a auf, etwas zu tun. Die Schülerinnen und Schüler haben es aber schon getan.

1 Lies die Aufforderungen des Lehrers und die Antworten der Schüler und Schülerinnen.

2 Ergänze die Antworten in den beiden Sprechblasen.

3 a. Markiere in den Sprechblasen die Verbformen, mit denen der Lehrer auffordert, etwas zu tun.
b. Markiere auch die Verbformen in den Antworten.

4 a. Schreibe in die 2. Spalte der Tabelle die Aufforderungen des Lehrers.
b. Ergänze die Verbformen im Perfekt aus den Antworten.
c. Markiere **ge** in den Verbformen in der 3. Spalte.

Infinitiv	Aufforderung	Perfekt
aufräumen	räumt auf	wir haben aufgeräumt
abwischen		
ausfegen		
einpacken		

Verben verwenden

Verben im Präteritum

Eine alte Sage erzählt, dass die Menschen in Köln früher Hilfe bei der Arbeit hatten.

Wenn die Kölner damals ins Bett gingen und schliefen, kamen kleine Helfer – die Heinzelmännchen. Sie sprangen ins Haus, nahmen den Besen, liefen durch alle Stuben und brachten alles in Ordnung. Sie wuschen die Wäsche. Dabei sangen und pfiffen sie fröhlich vor sich hin. Die Menschen in Köln bekamen die Heinzelmännchen nie zu Gesicht.

1 Was taten die Heinzelmännchen in der Nacht? Markiere die Verbformen im Präteritum.

2 Ergänze jeweils die Verbformen im Präteritum mit **sie** (Plural).

Merkwissen

Wenn du über Vergangenes **schriftlich** erzählst oder berichtest, verwendest du meist das **Präteritum**.
Manche Verben ändern sich im **Präteritum**.
sehen – ich sah, laufen – er lief

bekommen – *sie bekamen* ______

bringen – ______

gehen – ______

kommen – ______

laufen – ______

nehmen – ______

pfeifen – ______

schlafen – ______

singen – ______

springen – ______

waschen – ______

Bei manchen Verben ändert sich im Präteritum der Vokal.

3 Was ändert sich in den Verben bei Aufgabe 2?

a. Vergleiche die Infinitive und die Präteritumformen.

b. Markiere die Vokale, die in der Präteritumform anders sind als im Infinitiv.

Starthilfe

bekommen – sie bekamen

Am Tag waren die Heinzelmännchen nicht zu sehen.

4 Was taten die Heinzelmännchen am Tag?
Ergänze passende Verbformen im Präteritum aus Aufgabe 2.
Tipp: Manchmal hast du mehrere Möglichkeiten.

Am Morgen ____________ die Heinzelmännchen schnell
in ihre unterirdischen Häuser. Sie ____________ ins Bett
und ____________ ein paar Stunden.
Dann ____________ sie zum Brunnen und ____________ sich.
Den Rest des Tages ____________ sie sich Zeit
und ____________ ihre eigenen Häuser in Ordnung.
Am Abend ____________ dann alle ans Tor zur Menschenwelt.

Das Heinzelmännchen Eddi half in der Nacht einem Zimmermann.

5 Was tat Eddi beim Zimmermann?
Schreibe die Verbformen vom Rand in die Lücken.

Das Heinzelmännchen ______sah______, was es zu tun gab.
Es ____________ die Länge, dann ____________ es die Säge
und zersägte die Stämme. Eddi ____________, feilte und hobelte.
Er ____________ die Holzteile und ____________ Nägel ein.
Er setzte die Balken – und schon ____________ das Haus fertig da.

maß
nahm
~~sah~~
sang
schlug
stand
verband

Eddi hämmerte und sang dazu im Takt ein fröhliches Lied:

Ich sang,
du sangst,
er sang,
sie sang,
es sang,
und wer hört zu?
Schubiduuu!

Wir sangen,
ihr sangt,
sie sangen.
Und wer hört zu?
Schubi – Schubi – DU!

6 a. Schreibe Eddis Lied in dein Heft.
b. Markiere die Endungen der Verben im Präteritum.
c. Schreibe zwei eigene Strophen mit den Präteritumformen der Verben **sehen** und **nehmen**.

→ Das kann ich! Seite 102

Mündlich erzählen im Perfekt

Das Heinzelmännchen Diddi ist beim Bäcker gewesen.
Den anderen Heinzelmännchen hat es von seiner Arbeit erzählt.

Letzte Nacht bin ich zum Bäcker gegangen.
Ich habe zuerst das Mehl gewogen. Anschließend habe ich das Mehl und die Milch in die Schüssel getan. Als der Teig fertig gewesen ist, habe ich ihn in eine Form gegossen.
Die Form habe ich in den Backofen geschoben.
Es hat wunderbar gerochen! Dann bin ich schnell nach Hause gerannt.
Dabei bin ich fast mit dem Bäcker zusammengestoßen.

1 Was erzählt Diddi?
a. Markiere die Verbformen.
b. Schreibe die Verbformen im Perfekt mit **ich**, **er** oder **es** neben die Infinitive.

gehen – *ich bin gegangen* ______ gießen – ______

wiegen – ______ schieben – ______

tun – ______ riechen – ______

sein – ______ rennen – ______

zusammenstoßen – ______

2 Die Verbformen im Perfekt bildet man mit **haben** oder mit **sein**.
Ordne die Perfektformen aus Aufgabe 1 nach **haben** und **sein**.
Schreibe sie in die Säcke.

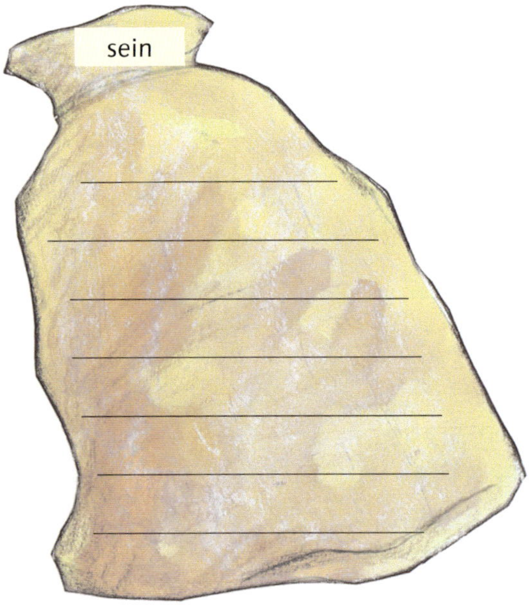

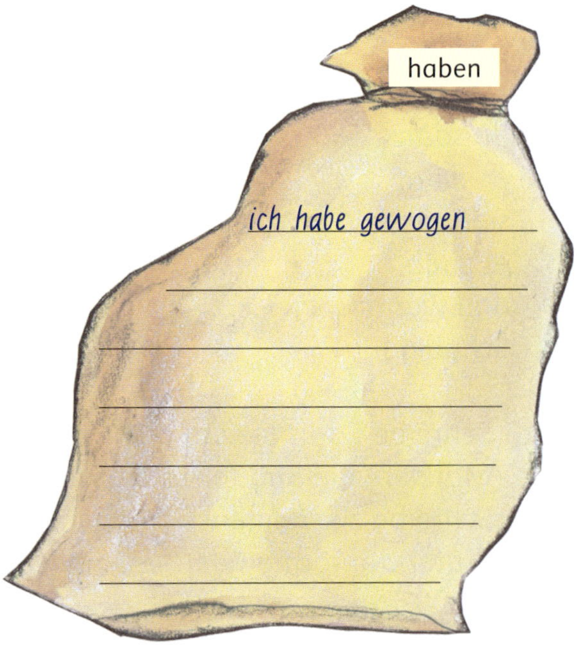

Diddi hat die anderen Heinzelmännchen gefragt, was sie in der letzten Nacht getan haben.

Wir ______ dem Schneider geholfen.

Wir ______ uns an den Schneidertisch gesetzt.

Dodi und Dodo ______ den Stoff genommen.

Die beiden ______ ihn dann zugeschnitten.

Wir ______ genäht. Plötzlich ______ Kalli laut aufgeschrien. Ede ______ gefragt: „Was ______ du denn gemacht?" „Ich ______ mich mit der Nadel gestochen! Zum Glück ______ Dodi und Dodo Pflaster gefunden und dann ______ wir alle fröhlich weitergearbeitet." Am Morgen ______ wir alles fertig gehabt. Der Anzug ______ auf dem Bügel gehangen.

3 Ergänze die passenden Formen von **haben**.

4 a. Schreibe den Text in dein Heft.
b. Markiere die Perfektformen mit **haben**.

Die Frau des Schneiders ist neugierig auf die Heinzelmännchen gewesen. Deshalb hat sie harte Erbsen auf den Boden gestreut.

Als die Heinzelmännchen zum Schneider gekommen sind, sind sie auf den Erbsen ausgerutscht. Einige sind gestolpert und einige sind hingefallen. Andere sind kopfüber die Treppe hinuntergefallen. Sie sind übereinandergeflogen. Sie sind verärgert gewesen. Dann sind sie nach Hause gerannt. Zur Arbeit in die Kölner Häuser sind sie nie wieder gegangen.

5 Markiere im Text alle Perfektformen mit **sein**.

6 Schreibe alle Perfektformen von **sein, gehen, springen** in dein Heft.

Starthilfe
sein: ich bin gewesen, du bist …

7 Wie hört sich das Ende der Geschichte an, wenn Kalli es erzählt? Schreibe den Text in dein Heft.

Starthilfe
Als ich zum Schneider gekommen bin, bin ich …

→ Das kann ich! Seite 102

Von der Zukunft sprechen: Das Futur

Die Heinzelmännchen sprechen darüber, was sie in der Zukunft tun.

1 Was werden die Heinzelmännchen in der Zukunft tun?
a. Markiere die Verbformen im Futur.
b. Schreibe die Sätze auf.
c. Verbinde die beiden Verbformen mit einer Klammer.

Merkwissen
Wenn du über Dinge sprichst, die in der Zukunft liegen, verwendest du oft das **Futur**. Das **Futur** wird mit **werden** gebildet.
Ich werde reisen.

Ich werde mit der Zeitmaschine in die Zukunft reisen.

______

______

______

______

Die Heinzelmännchen sind verschwunden.
Die Menschen werden in der Zukunft alle Hausarbeit selbst machen.

2 Was werden die Menschen machen?
a. Ergänze die passenden Verbformen im Futur.
Tipp: Manchmal hast du mehrere Möglichkeiten.
b. Markiere die Verbformen im Futur.

ich werde du wirst sie wird ~~wir werden~~ ihr werdet sie werden	+	backen putzen waschen ~~bauen~~ nähen tun

Wir *werden* das Haus allein *bauen*.

Du ______ dein Zimmer selbst ______.

Ich ______ das Brot selbst ______.

Ihr ______ die Kleider ohne Hilfe ______.

Sie ______ alles allein ______.

Sie ______ die Wäsche ______.

→ Das kann ich! Seite 102

Trennbare Verben

Das Heinzelmännchen Kalli fährt ans Meer.

losfahren

anfahren

entlangfahren

hinauffahren

herunterfahren

entgegenfahren

1 Wie fährt Kalli ans Meer?
Sieh dir die Bilder an und lies die Wörter.

2 a. Lies nun die folgenden Sätze.
b. Markiere die beiden Teile des Verbs.
c. Verbinde die Teile des Verbs mit einer Klammer.
d. Schreibe die Verben im Infinitiv auf.

Merkwissen

Einige Verben sind zusammengesetzt.
Im Infinitiv schreibst du die beiden Teile zusammen: *losfahren*
Im Satz können die Teile des Verbs getrennt stehen:
Er fährt mit dem Auto los.

Kalli fährt um 7:00 Uhr morgens los. losfahren

Er fährt mit heulendem Motor an. ____________________

Zunächst fährt er eine gerade Straße entlang. ____________________

Dann fährt er einen Berg hinauf. ____________________

Auf der anderen Seite fährt er wieder herunter. ____________________

Fast geschafft, jetzt fährt er schon dem Meer entgegen. ____________________

Nun ist Kalli am Meer angekommen.

3 Was tut Kalli am Meer?
Ergänze die Verben im Präsens.
Tipp: Die Verben können sich verändern: mitnehmen – er nimmt mit.

Kalli sieht den Fischern bei der Arbeit zu.

Nun __________ er schon richtig wie ein Urlauber ______.

Er __________ sich den Leuchtturm ______.

Er __________ sich längere Zeit am Strand ______.

Er __________ von dort einen schönen Stein ______.

ansehen
aussehen
~~zusehen~~
aufhalten
mitnehmen

Präpositionen verwenden

Beim Training vor dem Wettkampf

Niklas trainiert mit dem Springseil.

Jana spielt mit dem Ball.

Merle übt mit der Kugel.

1 Was tun Niklas, Jana und Merle? Womit tun sie es?
a. Schreibe die Sätze auf.
b. Markiere in jedem Satz die Präposition.
c. Markiere auch die Nomen mit den Artikeln.

Merkwissen

Die Wörter **mit, bei, von, aus, seit** sind **Präpositionen.**

Nach den Präpositionen mit, bei, von, aus, seit stehen die Nomen immer im Dativ mit dem Artikel dem/einem, dem/einem, der/einer.

sich **von dem Lauf** erholen, **von einem Erfolg** träumen, **seit dem Morgen** trainieren, sich **bei einer Übung** verletzen, **aus einer Sportstunde** kennen, **mit einem Getränk** belohnen

2 a. Lies die Wortgruppen mit den Präpositionen mehrmals halblaut.
b. Ergänze die Sätze mit passenden Wortgruppen.
c. Markiere die Präpositionen und die Artikel.

Alle Kinder trainieren ______.

Das Ballspiel kennt Zane ______.

Niklas verletzt sich ______ leicht.

Milava erholt sich ______.

Der Trainer belohnt die Kinder ______.

Niklas träumt ______.

3 a. Schreibe die Sätze in dein Heft.
b. Markiere die Präpositionen zusammen mit den Artikeln und den Nomen im Dativ.

Der Wettkampftag

Die 6. Klassen haben für diesen Tag viel trainiert.

Arne **kümmert sich um den Imbiss**.
Ein Mädchen **bedankt sich für ein Getränk**.
Vier Jungen **laufen um die Wette**.
Die Lehrer **loben die Sportler für die guten Leistungen**.

4 Was geschieht alles am Wettkampftag?

a. Schreibe die hervorgehobenen Wortgruppen untereinander auf.
b. Markiere die Präpositionen.
c. Markiere auch die Nomen mit den Artikeln.

Merkwissen

Die Wörter **durch**, **für**, **ohne**, **um** sind **Präpositionen**.

Nach den Präpositionen durch, für, ohne, um steht das Nomen immer im Akkusativ mit dem Artikel den/einen, das/ein, die/eine.

sich **durch einen Unfall** verletzen, **durch das Training** verbessern, **ohne die Unterstützung** kämpfen, sich **um den Verletzten** kümmern, sich **für die Hilfe** bedanken, **für den Sieg** bekommen

5 a. Lies die Wortgruppen mit den Präpositionen mehrmals halblaut.
b. Ergänze die Sätze mit passenden Wortgruppen.

Alle verbesserten ihre Leistungen ______________________.

Die Schülerinnen und Schüler kämpften ______________________ der Eltern.

Leider verletzte sich Georg ______________________.

Die Sanitäter kümmerten sich dann ______________________.

Georg bedankte sich ______________________ der Sanitäter.

Die Klasse 6b bekam die Urkunde ______________________.

6 a. Schreibe die Sätze noch einmal in dein Heft.
b. Markiere die Präpositionen zusammen mit den Artikeln und den Nomen im Akkusativ.

→ Das kann ich! Seite 103

Personalpronomen verwenden

Merkwissen

Die Wörter **ich**, **du**, **er–es–sie**, **wir**, **ihr**, **sie** sind **Personalpronomen**. Sie ersetzen Nomen und Wortgruppen, in denen Nomen vorkommen.

Leon erzählt in einer E-Mail von einer Ballonfahrt.

Hallo Piet,
du weißt ja, dass vor ein paar Wochen ein Preisrätsel in der Zeitung stand. Da es schwer zu lösen war, gingen Lucia und ich zu Tante Lore. Gemeinsam haben wir es gelöst und schickten die Lösung ab. Dass sie richtig war, erfuhren wir schnell. Unser Gewinn: eine Ballonfahrt. Als wir auf dem Startplatz ankamen, waren noch mehr Leute da. Auch sie hatten gewonnen. Freundlich begrüßte der Kapitän alle. „Und ihr seid Lucia und Leon?", wollte er wissen. „Ja, und ich bin Lucias und Leons Tante Lore", antwortete Tante Lore und wir stiegen ein. Kurz darauf begann die Fahrt. Zunächst führte sie uns in Richtung Rhein …

1 Im Text sind Wortgruppen mit Nomen hervorgehoben.

a. Welche Personalpronomen ersetzen die Wortgruppen? Markiere die Personalpronomen.

b. Schreibe die Wortgruppen und die Personalpronomen zusammen auf.

Piet – du,

Leon erzählt weiter.

Plötzlich guckte unsere Tante ganz ängstlich. Da sagte unsere Tante: „Leon, ich glaube, der Ballon sinkt und der Ballon beginnt auch noch zu schaukeln." Der Brenner für die Heißluft war kaum zu hören. Denn der Brenner musste jetzt nicht so viel Heißluft erzeugen. Der Ballon war hoch genug. Plötzlich war da ein lautes Geräusch. Das Geräusch kam vom Brenner. Und der Ballon fuhr in die Höhe und wir wussten: Der Ballon ist nicht in Gefahr.

2 In diesem Text werden Wortgruppen mit Nomen wiederholt.

a. Welche Wortgruppen kannst du durch ein Personalpronomen ersetzen? Markiere sie.

b. Schreibe den Text in dein Heft. Ersetze die markierten Wortgruppen durch Personalpronomen.

Tante Lore war nach der Fahrt mit dem Heißluftballon ganz begeistert.
Sie telefonierte mit ihrer Freundin Ute.

Hallo Ute! Du hattest doch von unserem Gewinn gehört? Gestern früh startete der Heißluftballon von einer Wiese. Zuerst fuhren wir mit ihm Richtung Rhein. Die Sicht war super!
Zum Glück war die Kamera griffbereit. So konnte ich mit ihr ein paar sehr schöne Fotos machen. Die muss ich dir unbedingt zeigen. Ganz vorsichtig landete das Team am Rhein. Wir dankten ihm.

3 Die hervorgehobenen Wörter werden jeweils im Folgesatz durch ein Personalpronomen im Dativ ersetzt.
Markiere die drei Personalpronomen im Dativ.

Merkwissen

Die Personalpronomen können im Dativ stehen.
ich → mir
du → dir
er – es – sie → ihm – ihm – ihr
wir → uns
ihr → euch
sie → ihnen

4 Ergänze die passenden Personalpronomen im Dativ.

Der Ballon startete von einer Wiese.

Wir fuhren mit ____________ Richtung Rhein.

Zum Glück hatte ich die Kamera griffbereit.

Mit ____________ machte ich schöne Fotos.

Ganz vorsichtig landete das Team. Wir dankten ____________ .

Lucia telefonierte nach der Ballonfahrt mit ihrer Freundin Aishe.

Hallo Aishe, gestern war unsere Ballonfahrt. Ganz früh ging es los. Von einer Wiese startete der Ballon. Der Kapitän brachte ihn schnell auf Höhe, sodass wir einen tollen Blick hatten. Zwischendurch hatte Tante Lore kurz Angst, dass wir sinken. Doch der Kapitän konnte sie beruhigen. Von oben sahen wir das Rheinufer. So habe ich es noch nie gesehen.

5 Die hervorgehobenen Wörter werden jeweils im Folgesatz durch ein Personalpronomen im Akkusativ ersetzt. Markiere die drei Personalpronomen im Akkusativ.

6 a. Schreibe Lucias Telefongespräch in dein Heft.
b. Markiere die Personalpronomen im Akkusativ.

Merkwissen

Die Personalpronomen können im Akkusativ stehen.
ich → mich
du → dich
er – es – sie → ihn – es – sie
wir → uns
ihr → euch
sie → sie

Possessivpronomen verwenden

Lina hat Besuch von ihrer Brieffreundin Emily aus England.

Lina führt Emily durch das Haus. Lina zeigt auf ihre Geschwister: „Das ist mein Bruder Timo und das ist meine Schwester Emma." Emma freut sich: „Hallo Emily, herzlich willkommen! Ist das deine Tasche? Du kannst sie dort ablegen, oben ist auch dein Zimmer."
Plötzlich kommt ein Hund auf Emily zu. „Ist das euer Hund?", erkundigt sich Emily. Lina, Timo und Emma lachen: „Ja, das ist unser Hund!"

1 Wer gehört zu Linas Familie? Wem gehört was?
In dem Text sind Possessivpronomen hervorgehoben.
a. Schreibe die Possessivpronomen und die dazugehörigen Nomen auf.
b. Markiere die Possessivpronomen.

Merkwissen
Die Wörter mein / dein / sein – sein – ihr / unser / euer / ihr, meine / deine / seine – seine – ihre / unsere / eure / ihre sagen, wem etwas gehört. Es sind **Possessivpronomen**.

ihre Geschwister, ______________________

____

Emily stellt Lina Fragen. Lina antwortet.

2 Ergänze die fehlenden Possessivpronomen in den Fragen und Antworten.

ich – mein/mein/meine
du – dein/dein/deine
er – sein/sein/seine
es – sein/sein/seine
sie – ihr/ihr/ihre
wir – unser/unser/unsere
ihr – euer/euer/eure
sie – ihr/ihr/ihre

Emily: Wo ist __________ Bad?
Lina: Unser Bad findest du neben meinem Zimmer.
Emily: Darf ich deine Creme benutzen?
Lina: Natürlich! Du kannst gerne __________ Creme benutzen.
Emily: Dein Bruder hat __________ Comicheft liegen gelassen. Darf ich darin lesen?
Lina: Ich glaube, dass __________ Bruder nichts dagegen hat.
Emily: Wir sind fertig mit dem Essen. Kann ich __________ Teller abräumen?
Lina: Du kannst unsere Teller gleich in den Geschirrspüler räumen.

Emily packt ihre Sachen aus. Dann schreibt sie ihrer Mutter eine E-Mail.

> Gleich am Flughafen hat mir Lina ihre Familie vorgestellt und ich habe ihre Eltern und ihre Geschwister kennen gelernt. Als wir bei Lina zu Hause ankamen, habe ich meine Geschenke überreicht und Lina hat mir ihr Haus gezeigt.
> Gerade eben habe ich meinen Pullover, meine Hose und mein T-Shirt ausgepackt. Eure Liste mit den Adressen und euren Brief habe ich in den Nachttisch gelegt. Allerdings habe ich meinen Stift, dein Buch und unseren Föhn vergessen. Lina hat mir ihren Föhn gegeben. Linas Bruder Timo hat mir seinen Stift geliehen.

3 Beantworte die Fragen.
Markiere die Possessivpronomen und die nachfolgenden Nomen im Text.

- Wen hat Lina vorgestellt?
- Wen hat Emily kennen gelernt?
- Was hat Emily überreicht?
- Was hat Lina gezeigt?
- Was hat Emily ausgepackt?
- Was hat Emily in den Nachttisch gelegt?
- Was hat Emily vergessen?
- Was hat Lina Emily gegeben?
- Was hat Timo Lina geliehen?

Merkwissen

Wenn du **Wen**? oder **Was**? fragen kannst, können sich die Endungen der Possessivpronomen verändern.
Mein Pullover liegt im Schrank.
Ich nehme meinen Pullover aus dem Schrank.

4 a. Schreibe den Text in dein Heft.
b. Bei sechs Possessivpronomen haben sich die Endungen geändert. Markiere diese Endungen.

Was hat Lina gezeigt? Wem hat Emily Lina vorgestellt?

5 Schreibe Sätze in dein Heft.
- Du kannst die Satzschalttafel verwenden.
- Du kannst auch eigene Sätze schreiben.

<table>
<tr><td>Ich habe</td><td rowspan="7">Emily</td><td>meinen/mein/meine</td><td rowspan="7">Opa
Katze
Wohnzimmer
Haus
Freund
Garage
Schlafzimmer</td><td rowspan="7">vorgestellt.
gezeigt.</td></tr>
<tr><td>Du hast</td><td>deinen/dein/deine</td></tr>
<tr><td>Lina hat</td><td>ihren/ihr/ihre</td></tr>
<tr><td>Timo hat</td><td>seinen/sein/seine</td></tr>
<tr><td>Wir haben</td><td>unseren/unser/unsere</td></tr>
<tr><td>Ihr habt</td><td>euren/euer/eure</td></tr>
<tr><td>Sie haben</td><td>ihren/ihr/ihre</td></tr>
</table>

Satzglieder verwenden

Satzglieder umstellen

Jonas hat Geburtstag. Er will seinen Geburtstag feiern.

Jonas | macht | am Samstag | eine Geburtstagsparty | .

1 In dem Satz sind die Satzglieder schon markiert.
- a. Schreibe den Satz auf.
- b. Trenne die Satzglieder durch Striche (… | …).

2 Stelle die Satzglieder zweimal um.
- a. Schreibe die Sätze auf.
- b. Trenne die Satzglieder durch Striche (… | …).

Zu Hause schreibt Jonas seine Einladungskarten mit dem Computer.
Er verteilt am Montag seine Einladungen an seine Freunde.
Alle kommen am Samstag gerne zu dem Fest.

3 Welche Wörter in diesen drei Sätzen gehören zu einem Satzglied?
- a. Schreibe die Sätze in dein Heft.
- b. Stelle jeden Satz dreimal um.
- c. Trenne die Satzglieder durch Striche (… | …).

Am Samstag kommen die Freunde und Freundinnen zur Geburtstagsparty.

Carolina und Max schenken Überraschungen.

4 Trenne die Satzglieder durch Striche.

5 Wie sehen die Überraschungen aus?
Setze ein passendes Adjektiv ein.

Carolina und Max schenken ______________ Überraschungen.

große
hübsche
runde
lange

6
- a. Schreibe den Satz in dein Heft.
- b. Stelle die Satzglieder um.
- c. Trenne die Satzglieder durch Striche (… | …).

Merkwissen

Satzglieder kannst du durch Adjektive erweitern. Dadurch wird etwas anschaulicher.

Das Prädikat und das Subjekt

Merkwissen

Mit **Was tut?** fragst du nach dem **Prädikat**.

Was tun die Kinder?
Die Kinder / feiern / Geburtstag.

Jonas, seine Schwester Linda und ihre Eltern bereiten die Party vor.

Jonas holt Tische und Stühle.
Der Vater errichtet im Garten das große Zelt.
Die Mutter überprüft die Musikanlage.
Linda schmückt alles mit Lichterketten.
Die Mutter und der Vater machen Salat.
Jonas stellt die Getränke auf den Tisch.

1 Was tun der Vater, die Mutter, Jonas und Linda?

a. Frage mit **Was tut?** oder **Was tun?** nach dem Prädikat.
b. Schreibe die Fragen und Antworten auf.
c. Kreise in den Sätzen die Prädikate ein.

Starthilfe

Was tut Jonas?
Jonas holt Tische und Stühle.

Nun feiern alle. Die Party ist super.

Die Musik ist super.
Die Lichterketten leuchten schön.
Amari und Aida holen die Teller.
Sami isst Salat.
Felix tanzt mit Anne.
Pawel, Lisa und Jan liegen im Gras und hören Musik.
Die Schüssel mit dem Salat ist schon fast leer.
Jonas freut sich über seine Gäste.

2 Frage mit **Wer oder was?** nach den Subjekten.

a. Schreibe die Fragen und Antworten in dein Heft.
b. Markiere die Subjekte.

Starthilfe

Wer oder was ist super? – Die Musik.

Merkwissen

Mit **Wer oder was?** fragst du nach dem **Subjekt**.

Das Akkusativobjekt und das Dativobjekt

Toms Hobby ist Schwimmen.

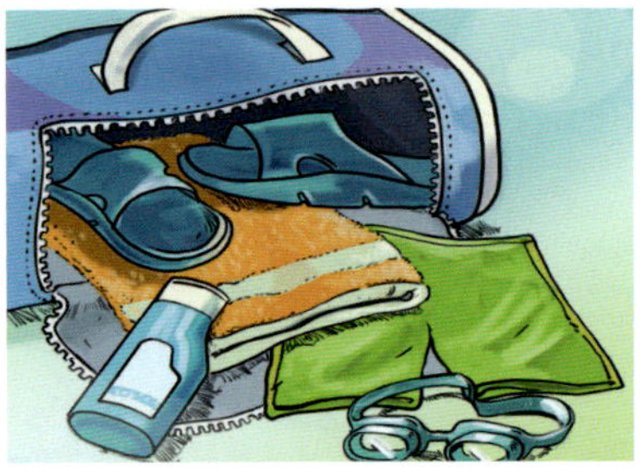

Jeden Montag geht Tom zum Schwimmen.
Er braucht seine Badesachen: die Badehose, das Handtuch, das Duschbad, die Badelatschen und die Schwimmbrille.
In der Schwimmhalle trifft er seinen Freund Goran, Lilli und Frau Winter.

1 **Wen oder was** trifft Tom in der Schwimmhalle?
Markiere die Antworten im Text.

Nach dem Schwimmen ist Tom in der Umkleidekabine.

Tom packt seine Sachen in die Sporttasche:
die Badehose, das Handtuch, die Badelatschen und die Schwimmbrille.

2 **Wen oder was** packt Tom in seine Sporttasche?
Schreibe die Antworten auf.
Markiere das Objekt.

Tom packt die Badehose, ______________________

____

______________________ *in seine Sporttasche.*

Merkwissen

Mit **Wen oder was?** fragst du nach einem **Akkusativobjekt**.
Wen oder was *trifft Tom?*
die Nachbarin
Wen oder was *packt Tom ein?*
die Badehose

3 **Wen oder was** hat Tom in der Schwimmhalle vergessen?
a. Markiere die Antwort im oberen Text.
b. Schreibe die Antwort auf.

____

Nicht nur Tom hat Sachen in der Schwimmhalle vergessen.

4 **Wem** gehören die Sachen?
a. Schreibe die Fragen und die Antworten in dein Heft.
b. Markiere die Objekte im Dativ.

Merkwissen

Mit **Wem?** fragst du nach einem **Dativobjekt**.
Wem gehört die Brille?
dem Kind

das Kind – dem Kind	der Ball
der Opa – dem Opa	der Stock
die Lehrerin – der Lehrerin	das Buch
das Baby – dem Baby	der Schnuller
der Trainer – dem Trainer	die Trillerpfeife
die Frau – der Frau	die Badekappe

Starthilfe

Wem gehört der Ball?
dem Kind

Die adverbialen Bestimmungen des Ortes und der Zeit

Fabian und Alina sind im Fundbüro. Es gibt viele Fragen. Wann? Wo?

Merkwissen

Mit **Wann?** fragst du nach der **Zeit**, in der etwas geschieht oder geschah.
Wann hast du den Stift gefunden?
am Samstag
Mit **Wo?** und **Wohin?** fragst du nach dem **Ort**.
Wo fandest du den Stift?
auf dem Schulhof
Wohin geht er? in das Fundbüro

Fabian, wann hast du dein Portmonee verloren?

Gestern.

Alina, wann hast du den Schal gefunden?

Heute Nachmittag.

Fabian, wo hast du dein Portmonee verloren?

Im Supermarkt.

Alina, wo hast du den Schal gefunden?

An der Bushaltestelle.

1 a. Lies die Sprechblasen.
b. Schreibe die Fragen und die Antworten auf.
c. Markiere die Fragewörter und die Antworten.

Auch Felicitas und Felix haben etwas verloren oder gefunden.

Starthilfe

Felix verlor seinen Füller gestern auf dem Schulhof.

2 Bilde sinnvolle Sätze und schreibe sie in dein Heft. Markiere jeweils die Zeit und den Ort.

Wer?	Was tat?	Was?	Wann? (die Zeit)	Wo? (der Ort)
		ihren/seinen Füller	gestern	in der Klasse.
Felicitas	verlor	ihr/sein Heft	vor vier Wochen	auf der Straße.
Felix	fand	ihre/seine Mütze	am Mittwoch	auf dem Schulhof.
		ihren/seinen Schlüssel	nach dem Sportunterricht	vor der Schwimmhalle.

Den Textknacker anwenden

? Was passiert im Leben der Spatzen vom März bis zum Mai?

Den Sachtext knackst du mit dem Textknacker.
Zum Schluss beantwortest du die ? Frage.

1. Vor dem Lesen
2. Das erste Lesen
3. Den Text genau lesen

1 Lies den Text mit den Schritten 1 bis 3.

Drei Monate im Spatzen-Leben

Meine Punkte:

Spätestens im März wird das Nest gebaut und für die Brut vorbereitet. Meist übernehmen die Männchen diese Aufgabe, das Weibchen hilft jedoch dabei. Für den Nestbau sammeln sie alles, was sie in ihrer Umgebung finden können: Stroh, Heu, Haare, Federn oder sogar Kunststoffe.

/1

Im April beginnt dann die eigentliche Brutzeit. Das Weibchen legt vier bis sechs Eier, die es überwiegend allein bebrütet. Nach ungefähr zwei Wochen schlüpfen die Jungvögel, die noch nackt und blind sind. Nun müssen die Spatzeneltern Insekten als Nahrung für die Nestlinge heranschaffen. Die Nestlingsdauer[1] beträgt zwei bis drei Wochen.

/1

Etwa einen Monat später, Mitte bis Ende Mai, sind die ersten Jungvögel flügge[2]. Nun unternehmen sie erste Ausflüge. Obwohl sie schon sehr gut fliegen können, müssen sie noch etwa zwei Wochen von den Eltern gefüttert werden. Die Tiere ernähren sich immer mehr von pflanzlicher Kost. Die jungen Spatzen sind noch sehr unerfahren und werden häufig Opfer von Straßenverkehr, Hauskatzen, Sperbern[3] oder anderen natürlichen Feinden. Die Sterblichkeitsrate[4] in diesem Lebensabschnitt ist besonders hoch. Die Jungvögel sehen wie Spatzenweibchen aus, sie sind nur etwas heller und gelblicher gefärbt. Nachdem sie flügge geworden sind, kann man sie noch einige Tage an ihrem gelben Schnabel erkennen.

/1

2 Schreibe über jeden Absatz eine passende Überschrift.
Tipp: Die hervorgehobenen Wortgruppen können dir helfen.

[1] die **Nestlingsdauer:** die Zeit, die die Jungvögel im Nest verbringen
[2] **flügge:** flugfähig
[3] die **Sperber:** Greifvögel, die sich von kleinen bis mittelgroßen Vögeln ernähren
[4] die **Sterblichkeitsrate:** die Anzahl der Tiere, die früh sterben

/3

3 Markiere in jedem Absatz die Schlüsselwörter. Die Fragen helfen dir dabei.

- Wann beginnt der Nestbau?
- Wer baut das Nest? Wer hilft?
- Was sammeln sie für den Nestbau?
- Wann legt das Weibchen die Eier und wie viele?
- Wann schlüpfen die Jungvögel?
- Wie sind die Jungvögel, wenn sie schlüpfen?
- Welche Nahrung schaffen die Spatzeneltern für die Nestlinge heran?
- Wie lange sind die Jungvögel Nestlinge?
- Wann unternehmen die Jungvögel ihre ersten Ausflüge?
- Wovon ernähren sich die Tiere nun immer mehr?
- Wovon werden die jungen Spatzen oft Opfer?
- Wie sehen die Jungvögel aus und woran kann man sie erkennen?

4 Ergänze den folgenden Text mit Hilfe deiner markierten Wörter.

Im _______ baut _______________ das Nest, _______________ hilft dabei.

Sie sammeln ______________________________________.

Im _______ legt das Weibchen _______________________.

Die Jungvögel schlüpfen nach _______________________.

Sie sind dann noch _______________ und _______________.

Die Eltern schaffen dann diese Nahrung heran: _______________.

Die Jungen sind _______________________ lang Nestlinge.

Ihre ersten Ausflüge unternehmen die Jungvögel _______________________.

Sie ernähren sich nun immer mehr von _______________________.

Die jungen Spatzen werden oft Opfer von _______________________

____.

Die Jungvögel sehen aus wie _______________________.

Meine Punkte:

- /1
- /2
- /5
- /2
- /1
- /2
- /1
- /1
- /1
- /1
- /4
- /3
- /3
- /5
- /2
- /1
- /2
- /1
- /1
- /1
- /1
- /4
- /1
- von Seite 30 /3
- /49

Meine Gesamtpunktzahl: ___ **von 49**

40–49 Punkte: Super!

26–39 Punkte: Das kann ich noch besser. Ich übe weiter!

0–25 Punkte: Ich arbeite die Seiten 7 bis 12 noch einmal durch.

Eine Person beschreiben

Farina hat sich als Sängerin verkleidet.
Du kannst Farina beschreiben.

1 a. Sieh dir Farina genau an.
b. Schreibe zu jeder Frage passende Wörter oder Wortgruppen auf.

blau, breit, braun, eng, fröhlich, gelb, geschminkt, groß, klein, lang, rot, rund, schwarz, silbern, sympathisch, zierlich
die Augen, das Gesicht, der Gürtel, die Haare, die Jeans, der Mund, die Nase, die Ohrringe, das Top, die Stiefel, 12 Jahre

Meine Punkte:

Wie sieht Farina **insgesamt** aus? /2

Wie alt ist sie? /1

Wie sieht ihr **Gesicht** aus? /4

Wie sind ihre **Haare**? /2

Wie sieht ihre **Kleidung** aus? /4

Was **fällt** dir besonders an ihr **auf**? /2

Wie **wirkt** Farina auf dich? /2

2 Schreibe eine Personenbeschreibung zu Farina in dein Heft.
- Schreibe der Reihe nach zu jeder Frage einen Satz auf. /7
- Verwende passende Adjektive. /7
- Verwende treffende Verben. /7
- Verwende unterschiedliche Satzanfänge. /7
- Finde eine passende Überschrift. /1

3 Überprüfe und überarbeite deine Personenbeschreibung. /4

/50

Meine Gesamtpunktzahl: ___ **von 50**

38–50 Punkte: Super!

25–37 Punkte: Das kann ich noch besser. Ich übe weiter!

0–24 Punkte: Ich arbeite die Seiten 15 bis 18 noch einmal durch.

Berichten

In diesem Bericht fehlen wichtige Informationen.

1 Lies die Überschrift und den Zeitungsbericht.

Affe stiehlt Zoobesucher das Handy 31.10.2011

Gestern Nachmittag wollte ein junger Mann mit seinem Handy im Zoo in Westernhausen vor dem Affengehege die herumlaufenden Rhesusaffen fotografieren. Doch dazu kam es nicht mehr, der Besucher hatte tierisches Pech!

Mit Hilfe der Bilder kannst du die fehlenden Informationen ergänzen.

Meine Punkte:

pro Bild:

/3

/3

/3

2 a. Sieh dir die Bilder an.
b. Schreibe Stichworte zu jedem Bild auf.
Die Wortgruppen in der Randspalte helfen dir.

der Affe
der Zoobesucher
das Handy
vor dem Affengehege

fotografieren
anspringen
entreißen
stehlen
zerstören
wegrennen
Hilfe holen

3 Beantworte die W-Fragen mit Hilfe des Zeitungsberichts und der Bilder. Schreibe Stichworte in dein Heft.

- Wann geschah es? /2
- Wo geschah es? /3
- Wer war beteiligt? /2
- Was geschah der Reihe nach? /6
- Was waren die Folgen? /3

4 Schreibe mit Hilfe deiner Stichworte den Bericht zu Ende. /12

/37

Meine Gesamtpunktzahl: von 37

30–37 Punkte: Super!

19–29 Punkte: Das kann ich noch besser. Ich übe weiter!

0–18 Punkte: Ich arbeite die Seiten 21 bis 24 noch einmal durch.

Spannend erzählen

die Katze · die Maus · der kleine Junge · der Frosch · das Mädchen · der Fisch · der See · das Wasser · der Stuhl · das Glas · das Aquarium

Meine Punkte:

1 Welche Wörter reizen dich zum Erzählen?
a. Umkreise die Wörter. /1
b. Schreibe die Wörter in die Reizwortkette. /1

2 Schreibe nun eine Einleitung für deine Geschichte.
a. Beantworte zunächst die Fragen in Stichworten. /3
b. Schreibe dann die Einleitung in zwei oder drei Sätzen in dein Heft. /3

Wer sind die Hauptpersonen? Wie heißen sie?

Wo spielt die Geschichte?

Wann spielt die Geschichte?

3 Schreibe einen spannenden Hauptteil.
- Was möchten die Hauptpersonen? Was tun sie? /3
- Was passiert auf einmal? /3
- Was denken und fühlen die Hauptpersonen? /3

4 Schreibe einen kurzen Schluss.
Löse darin die Spannung auf. /3

5 Ergänze eine Überschrift. /1

/21

Meine Gesamtpunktzahl: von 21

17–21 Punkte: Super!

9–16 Punkte: Das kann ich noch besser. Ich übe weiter!

0–18 Punkte: Ich arbeite die Seiten 27 bis 30 noch einmal durch.

Reime in Gedichten

1 Welche Wörter reimen sich?
a. Verbinde die passenden Reimwörter.
b. Schreibe die Reimwörter zusammen auf.

Glück Flügel

Reise Hügel leise irgendwann

Mann unsichtbar klar Stück

Meine Punkte: /5

2 Finde jeweils drei Reimwörter zu den folgenden Wörtern.

sagen,

Liebe,

/6

3 Kennzeichne die folgenden Reimformen mit den Buchstaben **a** und **b**.

Paarreim: ☐ ☐ ☐ ☐ Kreuzreim: ☐ ☐ ☐ ☐

/8

4 Der Text von Josef Guggenmos ist eigentlich ein Gedicht.
Stelle die Gedichtform wieder her.
a. Markiere alle Reimwörter. /18
b. Setze hinter jedes Reimwort einen Trennstrich |. /18
c. Schreibe das Gedicht in der richtigen Form in dein Heft. /2

Wenn Schnecken abreisen Josef Guggenmos

Bei Köln am Rhein, wo's nach Düsseldorf geht, saßen zwei Schnecken in einem Beet. Sie saßen im Beet von Frau Habersaat und waren vergnügt und aßen Salat. Da sprach die eine zu der andern: „Schwester, wir wollen wandern! Wir wollen wandern, wir wollen gehn, bis wir die Türme von Bamberg sehn!" Drauf rief die andere: „Susewitt, herzliebe Schwester, ich komme mit!" Sie zogen hinweg nach diesem Wort –, und jede nahm ihr Haus mit fort. Nach Bamberg zu kriechen von Köln am Rhein, hundert Jahre lang querfeldein, das ist fürwahr eine große Tat! Was meinen Sie Frau Habersaat? „Was ich dazu meine? Ich sage bloß: Dem Himmel sei Dank! Ich bin sie los!"

/57

Meine Gesamtpunktzahl: ☐ **von 57**

47–57 Punkte: Super!

28–46 Punkte: Das kann ich noch besser. Ich übe weiter!

0–27 Punkte: Ich arbeite die Seiten 32 bis 35 noch einmal durch.

Merkmale von Fabeln erkennen

Fabeln kannst du an bestimmten Merkmalen erkennen.

Der Gegendienst

Ein paar Mäuse sprangen um einen schlafenden Löwen herum, und da er sich nicht rührte, begannen sie sogar, auf ihm herumzutanzen. Da wurde er wach und hatte gleich eine von ihnen gepackt. „Ich bitte dich", flehte die Maus, „schone mein Leben, ich will es dir auch gerne mit einem Gegendienst vergelten." Da musste der Löwe lachen und ließ sie los.
Nach einiger Zeit verfing sich der Löwe in den Netzen von Jägern und er konnte sich auch mit aller Kraft nicht mehr aus den Schlingen befreien. Da kam die Maus herzugelaufen und nagte mit ihren Zähnen eine von den Schleifen entzwei, eine winzige nur, aber auch die anderen gingen davon auf, und der Löwe konnte seine Fesseln zerreißen.

Meine Punkte:

1 Wer sind die Hauptpersonen in der Fabel? Markiere sie. — /2

2 Welche der folgenden Merkmale von Fabeln findest du in dieser Fabel? Kreuze an.

	richtig:	falsch:	
In der Fabel kommen meistens nur Tiere vor.	☐	☐	/1
In der Fabel haben die Tiere bestimmte Eigenschaften.	☐	☐	/1
In der Fabel können die Tiere sprechen.	☐	☐	/1
In der Fabel handeln die Tiere meistens wie Menschen.	☐	☐	/1

3 Welche Eigenschaften habe die Tiere? Ordne zu:
stark, klug, hilflos, mutig.

Mäuse: ____________________

Löwe: ____________________ — /4

4 In Fabeln gibt es oft eine Lehre.
Wähle eine passende Lehre für die Fabel „Der Gegendienst" aus.
Schreibe die Lehre auf.

Der Klügere gibt nach.
Leg dich nie mit Stärkeren an.
Auch Kleine können Großen helfen.

____

____________________ — /2

/12

Meine Gesamtpunktzahl: ☐ von 12

10–12 Punkte: Super!

6–9 Punkte: Das kann ich noch besser. Ich übe weiter!

0–5 Punkte: Ich arbeite die Seiten 37 bis 41 noch einmal durch.

Rechtschreiben: Verben mit -ieren

Schülerin bei Unfall verletzt

Im Robinienweg kam es gestern zu einem Unfall. Gegen 10 Uhr spazierte ein Mann mit seinem Hund die Straße entlang, als sich der Hund plötzlich losriss und vor das Rad einer Schülerin lief. Da das Mädchen sehr schnell ohne Helm unterwegs war, verletzte es sich beim Sturz am Ohr und verlor einen Zahn. Ein Polizeisprecher teilte mit: „Wir nehmen an, dass die Schülerin während der Fahrt telefonierte und deswegen unaufmerksam war. Aus demselben Grund passierten in diesem Jahr schon mehrere Unfälle. Ich weise noch einmal darauf hin, dass das Benutzen eines Handys auf dem Rad streng untersagt ist. Außerdem sollte unbedingt ein Helm getragen werden. Wir haben vergeblich versucht, den Jugendlichen mit Plakaten diese Verkehrsregeln zu vermitteln. Nun haben wir einen Vortrag in der Schule organisiert."

Meine Punkte:

1 Im Text findest du Verbformen mit **-ieren**.
a. Markiere die vier Verbformen mit **-ieren**. /4
b. Schreibe die Verbformen auf die Linien. /4
c. Schreibe jeweils den Infinitiv daneben. /4

______________________ ______________________

______________________ ______________________

Rechtschreiben: Wörter mit h

2 Im Text findest du zehn Wörter mit Dehnungs-h.
a. Markiere die Wörter mit Dehnungs-h. /10
b. Schreibe die Wörter auf. /10

____

____

____

3 Ordne die Wörter mit Dehnungs-h richtig zu.

Nomen mit Dehnungs-h: ______________________________

____

andere Wörter mit Dehnungs-h: ______________________

____ /10

/42

Meine Gesamtpunktzahl: von 42

35–42 Punkte: Super!

21–34 Punkte: Das kann ich noch besser. Ich übe weiter!

0–20 Punkte: Ich arbeite die Seiten 46 bis 49 noch einmal durch.

Rechtschreiben: Wörter mit V/v

1 Diese Wörter mit **v/V** kennst du schon. Ergänze jeweils **V** oder **v**.
Tipp: Die Wörter mit **V** sind Nomen.

der ___ogel	___ier	___on	das ___ieh
das ___olk	___ielleicht	der ___erkäufer	___oll
___iele	der ___ater	___orn	das ___eilchen

Meine Punkte: ___ /12

2 Schreibe die Wörter auf.

___ /12

Rechtschreiben: Wörter mit mm, nn, ll, ff, pp, ss, tt

Urlaubsvorbereitungen

Morgen will Aylin mit ihrer Familie in den Urlaub fahren. Den Urlaubsort in der Türkei kennen sie schon. Ihre Mutter hat Aylins Kleidung ordentlich eingepackt. Aber das Mädchen ist damit nicht einverstanden. Aylin schnappt sich ihren Koffer und schleppt ihn in ihr Zimmer. Dort öffnet sie ihn und schüttet alle Kleider auf den Boden. „Im Urlaub scheint sowieso immer die Sonne, da brauche ich nicht so viel Kleidung", denkt sie. Nun wirft sie schnell Bücher, CDs und Schminksachen hinein. Zum Schluss packt sie noch etwas zum Essen ein, weil sie eine lange Fahrt vor sich haben. „Nun bin ich bereit!", denkt sie zufrieden.

3 Im Text findest du viele Wörter mit **mm, nn, ll, ff, pp, ss, tt**.
a. Markiere die Wörter mit **mm, nn, ll, ff, pp, ss, tt**.
b. Schreibe die Wörter auf. Ergänze bei Nomen den Artikel.

___ /15

___ /15

___ /54

Meine Gesamtpunktzahl: ___ **von 54**

45–54 Punkte: Super!

27–44 Punkte: Das kann ich noch besser. Ich übe weiter!

0–26 Punkte: Ich arbeite die Seiten 50 bis 53 noch einmal durch.

(für Seite 56-59)

Rechtschreiben: Wörter ableiten

Kleiner Held überrascht Räuber

Ein neun Jahre altes Kind überlistete am vergangenen Mittwoch in Essen einen Einbrecher. Am Abend hebelte der Mann in der Friedenstraße eine Eingangstür aus und stieg in den Keller des Gebäudes. Der Sohn der Bewohner hörte ein Geräusch und schloss die Kellertür zu. Dann wählte er die Nummer der Polizei. Der Einbrecher blieb bis zum Eintreffen der Polizei im Keller eingesperrt. Ein Pressesprecher der Polizei erklärte: „Das war eine gefährliche Situation. So etwas passiert ja nicht gerade täglich. Aber der Junge hat klug gehandelt.“ Der Dieb wurde am folgenden Tag dem Haftrichter vorgeführt. Nun kann er von besseren Zeiten träumen.

Meine Punkte:

1 Im Text findest du vier Wörter mit **ä**.
a. Markiere die Wörter. /4
b. Schreibe die Wörter auf die Linien.
c. Finde jeweils ein verwandtes Wort mit **a** und schreibe es daneben.

_______________ _______________ /4

_______________ _______________ /4

2 Im Text findest du auch vier Wörter mit **äu**.
a. Markiere die Wörter in einer anderen Farbe. /4
b. Schreibe die Wörter auf die Linien.
c. Finde jeweils ein verwandtes Wort mit **au** und schreibe es daneben.

_______________ _______________ /4

_______________ _______________ /4

Rechtschreiben: Wörter verlängern

3 Im Text findest du acht Wörter mit **b**, **d** oder **g** am Wortende. /8
a. Unterstreiche die Wörter.
b. Schreibe die Wörter auf die Linien.
c. Schreibe sie noch einmal in einer verlängerten Form auf.

_______________ _______________

_______________ _______________

_______________ _______________ /8

_______________ _______________ /8

/48

Meine Gesamtpunktzahl: ___ von 48	40–48 Punkte: Super!	24–39 Punkte: Das kann ich noch besser. Ich übe weiter!	0–23 Punkte: Ich arbeite die Seiten 56 bis 59 noch einmal durch.

Rechtschreiben: Zeichensetzung

Eine tolle Klassenfahrt

Kommas fehlen!

Die Klasse 6b ist von ihrer Klassenfahrt zurück. Auf Sylt haben sie die Orte List Westerland Morsum und Hörnum besucht. Die Kinder haben dort viel unternommen: So haben sie zum Beispiel eine Wattwanderung unternommen eine Kutterfahrt gemacht eine Seehundstation besichtigt und eine Schnitzeljagd organisiert. Außerdem haben sie eine Strandparty veranstaltet ein Volleyballturnier organisiert Postkarten an Freunde geschrieben und hübsche Mitbringsel für ihre Eltern gebastelt.

Meine Punkte:

1 In diesem Text fehlen die Kommas bei den aufgezählten Wörtern und Wortgruppen.
Setze die fehlenden Kommas. /6

Filiz berichtet ihren Eltern von der Klassenfahrt.

Satzzeichen fehlen!

Filiz erzählt Wir haben echt viel Spaß gehabt!
Papa fragt Und habt ihr euch alle gut verstanden?
Ja, es gab eigentlich kaum Streit antwortet Filiz.
Mama möchte wissen Habt ihr auch eine Nachtwanderung gemacht?
Nein, wir waren abends einfach zu müde antwortet Filiz.
Was hat dir denn am besten gefallen? will Papa wissen.
Filiz schwärmt Ach, eigentlich war alles toll!

2 In diesem Text fehlen bei der wörtlichen Rede die Doppelpunkte und die Anführungszeichen.
a. Markiere die wörtliche Rede. /7
b. Setze im Text die fehlenden Zeichen ein. /14

Am Montag spricht die Lehrerin noch einmal über die Klassenfahrt.

Kommas fehlen!

„Ich denke wirklich dass wir alle eine tolle Zeit hatten! Weil so viele Schüler eine Kamera dabeihatten haben wir bestimmt viele schöne Fotos. Als ich gestern Abend zu Hause saß hatte ich eine Idee: Wenn wir eure Eltern zum Herbstfest einladen machen wir eine Fotoshow. Besonders freue ich mich übrigens darüber dass ihr euch an alle Regeln gehalten habt! Weil das so gut klappte habe ich eine Überraschung für euch. Als wir mit dem Zug zurückfuhren habe ich eine schöne Jugendherberge gesehen. Wenn ihr in diesem Schuljahr gut arbeitet fahren wir am Jahresende für eine Nacht hin."

3 In diesem Text fehlen in Sätzen mit **als**, **weil**, **wenn**, **dass** die Kommas.
Setze die fehlenden Kommas. /8

/35

Meine Gesamtpunktzahl: ___ von 35	26–35 Punkte: Super!	17–25 Punkte: Das kann ich noch besser. Ich übe weiter!	0–16 Punkte: Ich arbeite die Seiten 60 bis 63 noch einmal durch.

Grammatik: Zusammengesetzte Nomen

Şükran und Leon haben einen Artikel für die Schülerzeitung geschrieben.

In der letzten Woche waren wir in der Nachmittagsvorstellung des Zirkus Rosetti. Das Zirkuszelt war riesig und der Zelteingang war mit goldenen Bändern geschmückt. Viele Artisten haben ihr Können präsentiert, zum Beispiel ein Trapezkünstler, ein Messerwerfer und eine Kunstreiterin. Zum Schluss hat der Clown seine Clownsnase abgenommen und ein Abschiedslied gesungen. Nach der Vorstellung durften wir noch die Fütterungszeit der Tiere miterleben. Dabei hat uns der Direktor etwas über die Lebensweise der Menschen im Zirkus erzählt. Es war ein tolles Erlebnis!

Meine Punkte:

1 Im Text findest du zehn zusammengesetzte Nomen.
a. Markiere die zusammengesetzten Nomen. /10
b. Schreibe die zusammengesetzten Nomen mit ihren Artikeln auf. /20
c. Markiere in jedem zusammengesetzten Nomen den Artikel und das zweite Nomen. /10

2 Einige der zusammengesetzten Nomen haben in der Mitte ein **s**. Kreise das **s** bei diesen Nomen ein. /5

3 Bilde zusammengesetzte Nomen. Schreibe sie mit den Artikeln auf.

das Seil + die Tänzerin = ____
der Zuschauer + die Bühne = ____
die Sahne + die Torte = ____
der Zirkus + der Direktor = ____
der Eintritt + s + die Karte = ____
das Leben + s + der Raum = ____
der Liebling + s + das Essen = ____
die Zeitung + s + der Bericht = ____

/16

/61

Meinige Gesamtpunktzahl: ____ **von 61**

52-61 Punkte: Super!

30-51 Punkte: Das kann ich noch besser. Ich übe weiter!

0–29 Punkte: Ich arbeite die Seiten 66 bis 67 noch einmal durch.

Grammatik: Verben verwenden

1 Schreibe die Verbformen im Präteritum in die Lücken.

Die Heinzelmännchen ______ (kommen) in der Nacht zu den Menschen.
Sie ______ (helfen) ihnen bei der Arbeit. Dabei ______ (singen) die Heinzelmännchen lustige Lieder. Morgens ______ (fallen) sie müde ins Bett und ______ (schlafen) den ganzen Tag.

Meine Punkte: /5

2 Markiere in jedem Satz die beiden Teile der Verbformen im Perfekt.

Die Heinzelmännchen sind zum Bäcker, zum Schneider und zum Zimmermann gegangen.

Diddi hat Brot in den Ofen geschoben.

„Und was habt ihr gemacht?“ – „Wir haben die ganze Nacht genäht.“

„Und du, Eddi, hast beim Zimmermann sicher laut gesungen.“ – „Ja.“

/10

3 Setze in die Lücken die passenden Formen von **haben** ein.

Ulli und Balli ______ beim Maler gearbeitet.

Ulli ______ die Pinsel ausgewaschen.

Balli sagt: „Und ich ______ am liebsten die Farben gemischt.“

/3

4 Setze in die Lücken die passenden Formen von **sein** ein.

Ich ______ zum Fischer gegangen. Die Fische ______ ins Netz gegangen. Es ______ sehr spannend gewesen.

/3

5 Diese Sätze stehen im Futur.
Setze in die Lücken die passenden Formen von **werden** ein.

Wir ______ in die Zukunft reisen. Ich ______ einen Astronautenanzug anziehen. Du ______ die Zeitmaschine bauen. Dodi ______ für die Verpflegung sorgen. Ihr ______ den Treibstoff einfüllen. Die Außerirdischen ______ uns im Weltraum erwarten. Mona ______ das Startzeichen geben.

Es ______ toll werden.

/8

/29

Meine Gesamtpunktzahl: ______ **von 29**

24–29 Punkte:	14–23 Punkte:	0–13 Punkte:
Super!	Das kann ich noch besser. Ich übe weiter!	Ich arbeite die Seiten 74 bis 79 noch einmal durch.

Grammatik: Adjektive steigern

1 a. Vergleiche mit Hilfe der Tafel:
Wer ist weit gesprungen? Wer ist weiter gesprungen?
Wer ist am weitesten gesprungen?
b. Beantworte die Fragen in ganzen Sätzen.

Jegor: 3,97 m
Simon: 4,29 m
Enis: 4,29 m
Ferenz: 4,40 m

Meine Punkte: /4

2 Wer ist genauso weit gesprungen wie Simon? Wer ist weiter gesprungen als Enis und Simon? Beantworte die Fragen in ganzen Sätzen.

/4

3 Wie heißen die Steigerungsformen?
Schreibe sie neben die Adjektive.

schön: ______

schnell: ______

/4

Grammatik: Präpositionen verwenden

4 a. Ergänze in den folgenden Sätzen die jeweils passende Präposition. /3
b. Markiere die Artikel nach den Präpositionen. /3

Die Bedingungen sind ______ dem schönen Wetter sehr gut.

Die erste Gruppe wärmt sich schon ______ dem Springseil auf.

Alle Sieger bekommen ______ dem Wettkampf eine Urkunde.

mit
nach
bei
von
aus

5 a. Setze in die Lücken die jeweils passende Präposition ein. /3
b. Markiere die Artikel nach den Präpositionen.

Das Fußballspiel kann ______ den Schiedsrichter nicht beginnen.

Ronja und Carina laufen ______ die Wette.

Alle Sportler setzen sich ______ den Sieg ihrer Mannschaft ein.

durch
für
ohne
um

/21

Meine Gesamtpunktzahl: ___ von 21

18–21 Punkte: Super!

11–17 Punkte: Das kann ich noch besser. Ich übe weiter!

0–10 Punkte: Ich arbeite die Seiten 68 bis 69 und 80 bis 81 noch einmal durch.

Textquellen
Morgenstern, Christian: Die drei Spatzen (S. 6). Aus: Galgenlieder & Gedichte. Garant, Renningen 2008.
Neigel, Julia/Maffay, Peter: Freiheit, die ich meine (S. 32). Aus: „Maffay" © Musik Edition Discoton GmbH, Berlin.
Busch, Wilhelm: Die Mücken (S. 33). Aus: Wilhelm Busch, Gedichte. Hrsg. von Friedrich Bohne, Diogenes Verlag AG, Zürich 1974.
Busch, Wilhelm: Der Wetterhahn (S. 34). Aus: Wilhelm Busch, Gedichte. Hrsg. von Friedrich Bohne, Diogenes Verlag AG, Zürich 1974.
Busch, Wilhelm: Ja Ja! (S. 35). Aus: Wilhelm Busch, Gedichte. Hrsg. von Friedrich Bohne, Diogenes Verlag AG, Zürich 1974.
Ringelnatz, Joachim: Die Ameisen (S. 35). Aus: Joachim Ringelnatz, In kleiner Auswahl als Taschenbuch. Karl H. Henssel- Verlag Berlin, 11. Auflage 1971.
Zwei Frösche (S. 36). Nacherzählung.
Der Affe als Schiedsrichter (S. 37). Nacherzählung.
Drei Monate im Spatzen-Leben (S. 90). © Deutsche Wildtier Stiftung.
Guggenmos, Josef: Wenn Schnecken abreisen (S. 95). Aus: Josef Guggenmos, Was denkt die Maus am Donnerstag? © 1998 Beltz & Gelberg in der Verlagsgruppe Beltz, Weinheim/Basel.

Bildquellen
S. 7: Peter Schickert / Das Fotoarchiv; S. 8: http://de.wikipedia.org/w/index.php?title=Datei:House_sparrowII.jpg&filetimestamp=20070226085434 (1), John Sandoy/de.fotolia.com (2), 4Vetra/de.fotolia.com (3); S. 9: sodapix/F1online (2), tina7si/de.fotolia.com (1), WILDLIFE/H. Schweiger (3), Karola Warsinsky/de.fotolia.com (4); S. 90: Jessmine/de.fotolia.com (1), Danielle Bonardelle/de.fotolia.com (2)

Illustrationen
Annette von Bodecker-Büttner, Dresden: S. 14-17, 19, 36-37, 39-40, 72-79, 92
Carsten Märtin, Oldenburg: S. 20, 25
Matthias Pflügner, Berlin: S. 6, 12-13
Friederike Rave, Wuppertal: S. 42, 44, 68, 70-71, 80
Rüdiger Trebels, Düsseldorf: S. 21-22, 26-28, 46, 48, 50, 53-54, 56, 57-60, 62-64, 66, 83-84, 87-88, 93
Christa Unzner, Den Haag: S. 32-35

Projektleitung: Gabriele Biela, Heike Tietz
Redaktion: Birgitt Brüschke, Kassel
Bildrecherche: Sabine Kaehne

Umschlaggestaltung: Cornelsen Verlag Design/Klein & Halm Grafikdesign, Berlin
Umschlagfoto: JUNOPHOTO, Berlin
Layout und technische Umsetzung: zweiband.media, Berlin

www.cornelsen.de

1. Auflage, 7. Druck 2021

Alle Drucke dieser Auflage sind inhaltlich unverändert
und können im Unterricht nebeneinander verwendet werden.

Druck: Athesiadruck GmbH

ISBN 978-3-06-061678-7